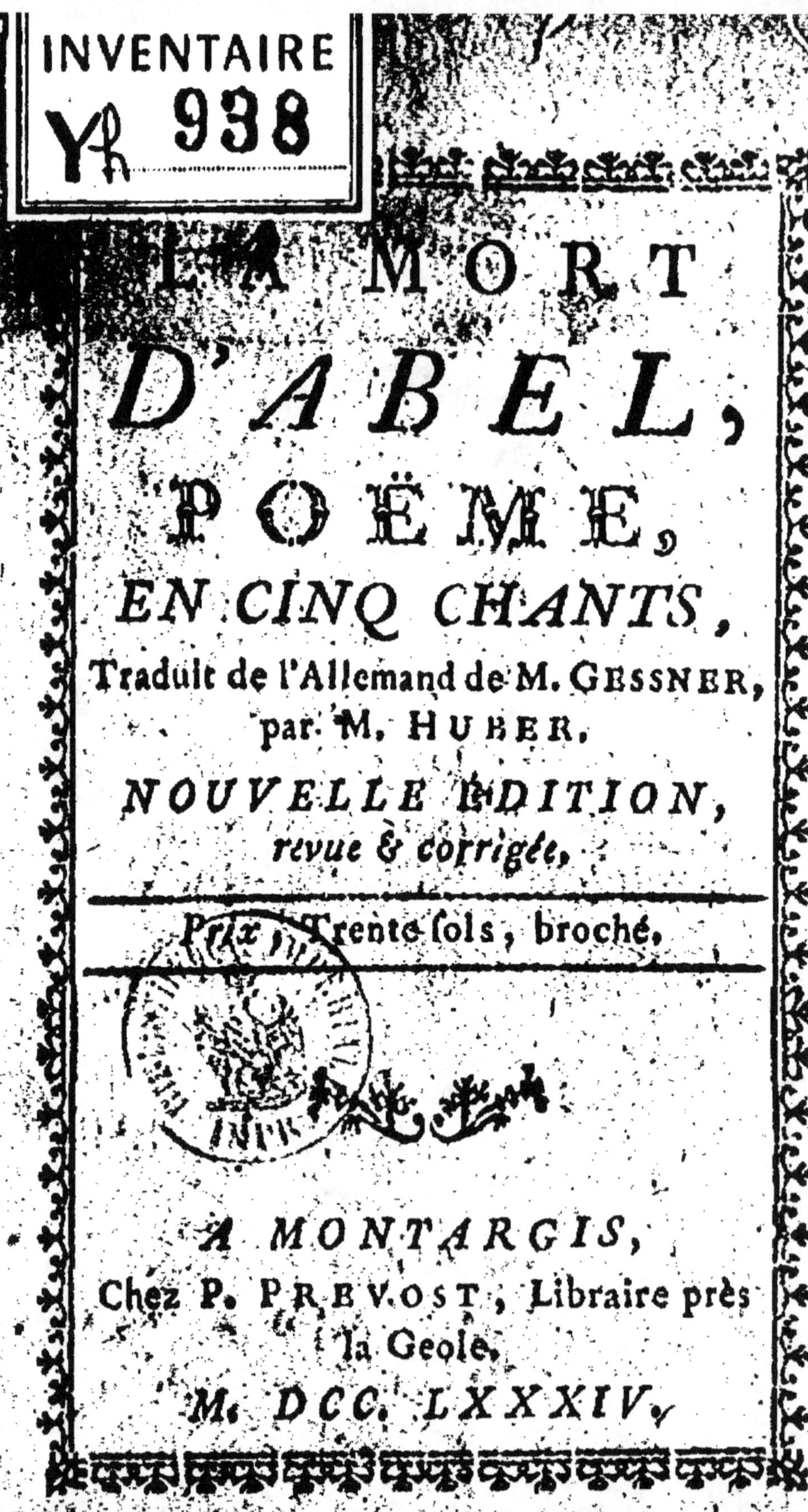

LA MORT D'ABEL,

POËME, EN CINQ CHANTS,

Traduit de l'Allemand de M. GESSNER, par M. HUBER.

NOUVELLE ÉDITION, revue & corrigée,

Prix, Trente sols, broché.

A MONTARGIS,
Chez P. PREVOST, Libraire près la Geole.
M. DCC. LXXXIV.

PRÉFACE
DE
L'AUTEUR.

RISQUER un Poëme après n'avoir donné que des Pastorales, c'est une entreprise bien hasardeuse. J'ai crû pourtant que l'un n'excluoit pas nécessairement l'autre; & qu'après avoir chanté sur un ton simple, il étoit au moins permis d'essayer si l'on ne pourroit pas s'élever à un plus sublime. Il me semble qu'un Auteur devroit toujours avoir cette curiosité. On borne trop les talens. Parce qu'un jeune Poëte en aura marqué dans un genre, on l'y veut concentrer, comme si d'y avoir réussi faisoit preuve qu'il n'eût de verve & d'aptitude que pour ce genre seul; tandis que souvent c'est moins la trempe de son génie qui l'y a déterminé, que des circonstances accidentelles, où le hazard a eu plus de part que le choix. Je ne dis pas qu'on doive lui savoir gré d'avoir pris un vol plus haut : mais j'assure qu'il est payé comptant des peines de son entreprise, par le plaisir d'avoir mis à fin un Ouvrage de plus longue haleine. Promener sa pensée sur une grande variété de faits ; remonter jusqu'aux premiers principes des actions, pour en démêler les motifs ; soutenir les caractères de tous les personnages, & par une suite d'événemens bien liés, les faire atteindre à leur but ; c'est une occupation dont rien ne peut égaler les charmes. Le Poëte fouille dans la nature entière, où il trouve, soit parmi les êtres existans ou parmi les possibles, une multitude infinie d'images dont il orne artistement son objet chéri. Les mouvemens délicieux dont son ame est émue en réveillant l'activité, qui, sans ces puissans mobiles, seroit peut-être toujours restée dans l'inertie.

Quelques-uns diront peut-être : n'aurons-nous donc plus à la fin que des Poëmes ou des Tragédies? Mais qu'ils se rassurent. J'ai observé que ce genre de travail flattoit beaucoup plus un Auteur, par la diversité, l'assemblage & la grandeur des matériaux qu'il employe, que ne feroit un Ouvrage moins considérable : je pourrois même étendre le charme jusqu'au Lecteur, & supposer qu'il le partage avec le Poëte. Mais quoi qu'il en soit, il ne se trouvera toujours qu'un petit nombre d'Ecrivains qui ayent assez de loisir & de courage pour embrasser & suivre constamment un plan étendu. La plûpart en seront détournés par des occupations d'une nature différente ; d'autres, faute de résolution, quitteront ces routes escarpées, pour se livrer aux douces inspirations d'une muse plus accessible. Ainsi rien ne nous empêche d'espérer toujours des chefs-d'œuvres dans tous les genres de Poésie : car je n'entends en dépriser aucun ; & lorsque je souhaite que nous ayons plusieurs Homéres, je n'en suis pas moins avec tout l'Univers, l'admirateur d'Esope & d'Anacréon.

Quelques-uns s'étonnent, d'autres se scandalisent de ce que j'ai fait choix d'un événement tiré des Livres Saints. A ceux-là je réponds, que fait pour fait, un événement tiré de la Bible en vaut bien un qu'auroit fourni la Mythologie ; & qu'il a de plus l'avantage d'être plus intéressant pour des Chrétiens qui respectent les saintes Ecritures. Quant à ceux qui s'en scandalisent, ce sont sans doute des gens de l'autre siécle, qui peu familiarisés avec la nouvelle Poésie Allemande, dont ils ne jugent que par les rapsodies informes de l'ancienne, croyent que la dignité de la Religion est dégradée par les Vers; & seroient excusables de le croire, si les Vers qu'on fait à présent étoient du ton de ceux qu'on faisoit au tems de nos Peres. Les Poëtes d'alors, si l'on en excepte un très-petit nombre, n'étoient que des plaisans à gages, faits pour amuser la noble Nation Allemande. Répondons à ces Censeurs prévenus, (car pour ceux qui, après avoir lû ceux de nos Poëmes dont les sujets tirés de la Bible, étoient traités avec la noblesse & la dignité qu'ils exigent; loin d'en sentir le mérite & la beauté ont crié à la profanation; puisqu'ils portent le défaut de goût & de sentiment à un point si révoltant, ce seroit se commettre que de leur répondre, ce seroit prétendre éclairer un aveugle avec un flambeau); répondons, dis-je, aux autres, qui ne blâment cet alliage de la Poésie avec les faits consacrés par les Livres Saints, qu'à cause du peu d'idée qu'ils ont de notre Poésie actuelle; qu'il n'est pas de la nature de la Poésie, de deshonorer les sujets pieux dont elle s'empare; qu'elle n'est au-dessous de pareils sujets que quand on l'a laissée avilir; mais que rappellée à sa dignité, elle est faite pour être, & a toujours été l'interpréte de la Religion; qu'elle lui a rendu de grands services, & qu'il n'est pas de langage plus propre pour élever l'ame à des sentimens d'honneur & de piété. Son effet naturel est d'éclairer l'entendement, de corriger les affections vicieuses du cœur, de rendre les hommes vertueux & sensibles pour le beau. Loin de tourner l'esprit à la licence & à l'obscénité, elle annoblit jusqu'à ses plus frivoles badinages. Je méprise au moins toute Poésie qui n'auroit pas ces caractéres.

Celle qui les a ne fait point tort à la Religion, en lui empruntant des faits pour les chanter. Elle les prend dans cette source sacrée, parce que cette origine les rend incontestables pour quiconque a le bonheur d'être Chrétien ; parce qu'étant regardés comme constans, ils en ont bien plus d'intérêt ; parce qu'ils font voir clairement, quelles influences la véritable Religion a sur l'homme dans les diverses situations de sa vie. Elle présente l'Histoire Sainte par ses endroits les plus saillans, met à profit, pour en augmenter la crédibilité, les circonstances les plus convaincantes, & les réflexions les plus instructives. Il est bien vrai que les génies médiocres qui entreprendroient de pareils Ouvrages, pourroient plutôt nuire à la Religion, que la servir. Mais toute mauvaise interprétation des Livres Saints, n'a-t-elle pas le même inconvénient ? & faudra-t-il pour cela défendre de les interpréter ?

En un mot, c'est une liberté que toutes les Nations se sont donnée : & dans les deux Communions, la Catholique & la Réformée, on a également permis les représentations des Piéces dramatiques tirées de la Bible, plus excusables par la bonne intention des Auteurs, que par le mérite de leur Poésie

Qu'on ne dise pas que par cette licence la Bible à la fin se trouvera convertie en Fable. Je demande si jamais aucune Histoire a eu ce sort-là ? Homère & Virgile ont chanté des événemens de l'Histoire ancienne : y a-t-il eu pour cela des gens assez stupides pour aller chercher la vérité de cette Histoire, ou dans Homère, ou dans Virgile, & pour oublier la différence d'entre un Historien & un Poëte?

Il y a aussi dans le monde une classe d'hommes aimables & galans, à qui ne sauroient plaire des personnages qui parlent d'un ton grave & religieux, qui ne songent jamais à faire étalage d'esprit. Mieux ces personages seront caractérisés suivant leurs usages, leurs sentimens & leurs idées; moins ils auront d'attrait pour tout ce qu'on appelle *beau monde*. Quel langage, quelles moeurs aux yeux de pareils Juges! ils doivent paroître aussi ridicules, que les moeurs d'Homére le paroissent aux Détracteurs des Anciens, précisément parce qu'elles sont anciennes. Par rapport à ces hommes du siécle si galans & si polis, moi qui me pique aussi d'être poli & galant, pour avoir leur suffrage qui m'importe fort, & mériter leurs bonnes graces; j'ai résolu de traiter le même sujet d'une manière qui leur convienne mieux. J'aurai ſoin d'y amener une intrigue amoureuſe, (car qu'eſt-ce qu'un Poëme épique ſans ce piquant épiſode ?) Abel ſera un jeune Seigneur, bien maniéré, bien doucereux. Caïn ſera un Capitaine Coſaque ou Hongrois, à leur choix ; & Adam ne dira rien, que ne puiſſe dire en bonne compagnie un François d'un âge fait, qui connoît le monde.

Paulò majora canamus :
Non omnes arbuſta juvant humileſque
miricæ.

Virg. Eccl. iv.

PRÉFACE DU TRADUCTEUR.

Ce Poëme dont je donne la Traduction, est de M. Gessner, Imprimeur-Libraire à Zurich, qualité qui, comme on le sait par l'exemple des Etienne, ne déroge pas à celle d'érudit & de bon écrivain. Plût à Dieu même que toutes les espèces de professions, qui ont, comme ces deux là, une sorte de dépendance & de conexité nécessaire, fussent ainsi réunie dans les mêmes personnes! On n'entend parler que des débats & du désaccord des Auteurs avec leurs Libraires, des Comédiens avec leurs Poëtes dramatiques, des Médecins avec des Chirurgiens, des Avocats avec les Procureurs. Réunissez chacune de ces professions à celle qui la touche, vous rétablissez l'accord & la paix. La Librairie singuliérement permise aux Auteurs, releveroit cet art, en augmenteroit l'émulation & la noblesse. L'Auteur, curieux de sa production, ne négligeroit ni soins ni dépenses dans l'exécution typographique, pour la faire paroître en public d'une maniere décente. M. Gessner, au talent d'écrire & d'imprimer, joint encore celui de graver en cuivre. C'est toujours lui qui a exécuté les Frontispices & les Vignettes de ses Ouvrages. Il a donné son Poëme pour la première fois en 1758, en caractères romains, comme il avoit fait de ses autres Ouvrages, qui tous sont exécutés avec la dernière élégance. Je n'imagine pas ce qui pourroit empêcher le reste de l'Allemagne de suivre cet exemple. On n'a rien de raisonnable à alléguer en faveur de l'ancien caractère Allemand, qui n'approche pas du Romain, pour la beauté du coup.

d'œil & la netteté. Sa première édition a été bientôt suivie d'une seconde en mêmes caractères, & celle-ci d'une troisième en lettres allemandes, en faveur de ceux qui les préférent encore aux romaines. La seconde & la troisième ne différent que par la forme des caractères: mais elles sont les mêmes pour le fond des choses; elles ne différent même toutes deux de la première que par de légères corrections, qui cependant les améliorent assez sensiblement pour les rendre préférables à celle de 1758.

Trois éditions en un an suffisent pour faire juger que ce Poëme a été goûté en Allemagee: il ne m'appartient pas de prédire s'il le sera autant ici, où son sort dépend de deux points, que j'aurois mauvaise grace à décider. La France jugera-t-elle comme l'Allemagne? Ma Traduction n'aura-t-elle pas défiguré l'Original? Comme Allemand, je suspends mon jugement sur la première question; comme

Traducteur, je ne puis ſans préſomption prononcer ſur la ſeconde. Une choſe au moins que je ſais, c'eſt que ce Poëme paroîtra ici tout neuf, par ſa ſtructure, ſa forme, ſon ton : & c'eſt toujours un mérite pour la France. Je crois que la communication des diverſes Nations de l'Europe, les unes avec les autres, pourroit leur ſervir, entr'autres choſes, à perſuader à chacune d'elles, qu'il peut y avoir des genres admiſſibles ſurquoi elles ne ſe ſont pas exercées. Qui ſait ſi après avoir trouvé à notre Poëme un air un peu neuf, on ne s'accoutumera pas à trouver que cet air ne lui meſſied pas ? Qui ſait même ſi on ne viendra pas un jour à en faire de pareils ? Ce ſeroit en ce cas une richeſſe acquiſe à la littérature françoiſe.

Le ſujet du Poëme eſt la mort d'Abel, qui eſt l'événement le plus remarquable de l'Hiſtoire Sainte après la chûte de nos premiers parens, dont il eſt la ſuite & l'effet. Le Poëte a eu l'art d'en augmenter encore l'intérêt, par la manière vive & touchante dont il manie les diverses passions, & par les graces & la vérité qu'il met dans ses peintures, lorsqu'il décrit les mœurs des premiers hommes qui ont habité la terre.

A juger ce Poëme suivant les regles strictes de l'Epopée, on en trouvera peut-être le plan un peu irrégulier, & la fiction principale bien au-dessous de celle de Milton : mais on sera dédommagé par les fictions accessoires & les tableaux de sentiment ; car pour les peintures vrayes & naïves, il égale au moins le Poëme Anglois.

Parmi les Poëtes Allemands qui ont honoré ce siécle par les productions de leur génie, les Suisses se sont particuliérement distingués ; & M. Gessner est le second de cette nation qu'on fait connoître en France. Le premier est M. Haller ; c'est lui qui, depuis Opitz, a contribué le plus efficacement à la restauration de la

Poésie Allemande, par la régularité du plan, par la noblesse & la force des pensées, par la justesse & la précision des termes. Tous les Poëtes du siécle passé, excepté le Baron de Canitz, s'étoient abandonnés, sans régle ni frein, à une verve insensée; ce qu'ils pouvoient avoir de bon étoit gâté par des tournures lâches & difficiles; &, même en les estimants, on ne les pouvoit lire sans ennui. Depuis M. Haller, plusieurs de ses compatriotes se sont distingués dans la même carrière. Zurich seule contient une pépiniere de Savans & de beaux esprits, qui, à l'envi, cultivent les Lettres dans le sein de la paix, de l'aisance & de la liberté. De ce nombre sont les *Breitinger*, les *Bodmer* qui les premiers ont éclairé leur pays du flambeau de la saine critique. L'*Art Poëtique* & le *Traité des Comparaisons*, du premier; les *Observations critiques sur les portraits poëtiques*, & le *Traité du merveilleux dans la Poësie*, du second, ont beaucoup perfectionné le goût en Allemagne. Les bons Ouvrages le forment déjà ; mais rien ne l'affine & ne l'épure comme les observations judicieuses, par lesquelles des hommes de génie, fixant notre attention sur les défauts & les beautés de chaque production, nous découvrent avec finesse & sagacité les raisons & la source des uns & des autres. M. Bodmer est encore Auteur de plusieurs ouvrages de réputation, entr'autres d'un *Recueil de Poésies*, & d'un Poëme épique, intitulé, *Noë*. M. Wieland, qui depuis dix ans habite cette même Ville, s'est aussi rendu célébre par des Poëmes moraux & philosophiques. J'en passe sous silence beaucoup d'autres, pour revenir à M. Gessner, qui, bien en-deçà de l'âge où les jeunes gens sont réputés hommes, étoit déja un homme illustre. Il n'a encore que vingt-quatre ans.

Avant sa *Mort d'Abel*, il s'étoit déja fait connoître avantageusement par son *Daphnis*, Roman pastoral, dont il a paru une Traduction françoise en 1756, à Rostock, & par ses Idyles, qui ne sont point encore traduites, mais qui méritent bien de l'être. Il ne se contente pas d'y tracer les mœurs de tel ou tel berger, dont le portrait nous importeroit peu : il nous y présente en général le tableau entier de la vie champêtre, avec tous ses charmes. Personne ne rend mieux que lui la belle nature. Aussi reconnoîtra-t-on par la lecture de sa *Mort d'Abel* que les endroits où il excelle, sont ces images riantes de la nature présentée dans son beau. Mais son objet principal est toujours de faire sentir à ses Lecteurs les attraits de la vertu, avec le même dégré de force qu'il les sent lui-même. Deux de ses Idylles les plus simples, donneront l'idée de son caractère & de celui de ses ouvrages.

AMYNTAS.

» Le Berger *Amyntas* revenoit de grand
» matin d'une forêt voisine, portant sa

» hache sous son bras, & sur son dos une
» lourde charge de perches qu'il venoit de
» couper pour en faire une haie ; lorsqu'il
» apercut un jeune chêne au bord d'un
» ruisseau rapide, dont l'eau avoit miné le
» pied de l'arbre. Ses racines étant ainsi
» dépouillées de terre, il paroissoit menacé
» d'une chûte prochaine. Quel dommage,
» dit Amyntas, qu'un jeune arbre d'une
» si belle venue soit la proie des flots
» furieux ? Non, ajouta-t-il, tu ne seras
» pas englouti par les ondes ; & en même-
» tems mettant à terre les perches qu'il
» portoit, j'en puis, dit-il, aller cher-
» cher d'autres ; & les taillant, il en
» construisit une forte digue, qu'il com-
» bla de terre humide ; puis regardant
» avec complaisance la terre & la digue,
» il sourit à l'ombrage du chêne conservé
» par ses mains. Il reprenoit sa hache
» pour retourner au bois couper d'autres
» perches : mais la Dryade du chêne le
» rappellant d'une voix gracieuse, quoi!

» lui dit-elle, je te laisserois partir sans
» te marquer ma reconnoissance! Dis-
» moi, Berger bienfaisant, que voudrois-
» tu que je fisse pour toi! Je sais que tu
» es pauvre, & que tu ne mènes que cinq
» brebis aux pâturages. Si tu veux, ô
» Nymphe, dit le bon Berger, m'accor-
» der ce qui me toucheroit le plus, mon
» voisin Palémon est malade depuis la
» moisson, fais qu'il recouvre la santé.
» Sa demande fut entendue favorable-
» ment; & Palémon recouvra la santé;
» mais Amyntas éprouva de plus la pro-
» tection de la divinité, dans ses trou-
» peaux, dans ses arbres & dans ses fruits.
» Il devint un riche Berger, les Dieux ne
» laissent aucun bienfait sans récompense.

DAPHNIS.

» Pendant une belle matinée de Janvier,
» Daphnis étoit assis dans sa cabane, où la
» flamme pétillante d'un bois sec répandoit
» une agréable chaleur, tandis que l'hyver

» en avoit couvert le chaume d'une cou» che épaisse de neige. D'un air satisfait il » jettoit ses regards du côté d'une fenêtre » étroite, & les promenoit sur la contrée » ravagée par les aquilons. Rigoureux » hyver, dit-il, malgré ton froid cuisant, » tu ne laisses pas encore d'avoir des beau» tés. Qu'il est agréable de voir les rayons » du soleil percer les brouillards légers, » dorer les collines blanchies par les fri» mats! La neige qui couvre les campagnes » est un spectacle grand & magnifique. Le » beau contraste que forment de toutes parts » les noires souches des arbres, & leurs » branches tortueuses & chauves, avec » ce tapis éblouissant qui couvre la pleine; » cette teinte grisâtre des chaumières, » avec la neige qui enduit leurs toits! Ces » sombres buissons d'épines rehaussent la » blancheur des champs, par ce brun » même, qui en coupe l'aspect trop uni» forme. La belle chose à voir que les » germes du grain qui percent la neige

» de leurs tendres pointes! que ce vert
» naissant se marie agréablement avec le
» blanc qui régne à l'entour! Quel éclat
» jettent les arbustes, lorsque la rosée en
» forme de perles, est suspendue à leurs
» rameaux foibles & plians, & où s'entre-
» lacent des fils légers qui voltigent au
» gré du vent! La contrée est à la vérité
» déserte, les troupeaux reposent tran-
» quillement enfermés dans leurs chaudes
» étables. On ne voit le bœuf docile im-
» primer ses pas lourds dans le sol humide,
» que quand chargé du bois qu'un Berger
» a coupé dans la plus prochaine forêt,
» il l'apporte jusqu'à l'entrée de la chau-
» mière. Presque tous les oiseaux ont
» abandonné les bocages. On ne voit plus
» voler que la solitaire Mésange, qui
» chante malgré la froidure; le mignon
» Roitelet, qui sautille çà & là, & le
» moineau hardi qui vient familierement
» jusques dans nos enclos becqueter les
» grains qui sont à terre.

» Mais le spectacle le plus charmant
» pour moi, c'est ce toit rustique d'où la
» fumée sort en ondoyant du milieu de
» ces arbres. C'est la demeure de ma
» Phylis. O ma Phylis! peut-être es-tu
» assise aussi, près de ton foyer, apuyant
» ton beau visage sur ta main, pensant
» à moi, & desirant comme moi le retour
» du printemps. Tu es belle, ma Phylis;
» mais ce n'est pas ta beauté seule qui m'a
» fait te donner mon cœur. Je t'aimai du
» jour que les deux chévres du jeune
» Alexis se précipitèrent de la cime du
» rocher. Il pleuroit. Mon pere est pauvre,
» voilà que j'ai perdu deux chévres,
» dont l'une étoit pleine. Hélas! je n'ose
» plus retourner à notre cabane. Tu vis
» couler ses pleurs, & la pitié te fit
» pleurer aussi. Puis essuyant tes larmes,
» tu pris dans ton troupeau deux de tes
» meilleures chévres, & dis au Berger
» affligé: Alexis, voilà deux chévres,
» prends-les, l'une des deux est pleine. Il
pleura

» pleura de joie en recevant ton présent,
» tu pleurois aussi de joie en le lui faisant.

» O hyver quelque désagréable que tu
» sois, ma flûte n'en restera pas pour cela
» inutile dans ma cabane, je n'en chan-
» terai pas moins des airs tendres pour
» ma Phylis. Tu as défiguré nos campagnes,
» tu as moissonné les fleurs de nos prés:
» mais il nous reste encore le lierre & ses
» fleurs bleuâtres, dont je ferai une
» guirlande à ma Phylis. Je lui porterai
» aussi cette Mésange que j'ai prise hier
» pour l'égayer dans sa cabane. Je la lui
» vais porter à l'instant, avec la guir-
» lande. Chante, aimable oiseau, amuse-
» la de ton ramage agréable; elle te sou-
» rira agréablement, elle te donnera à
» manger dans sa bello main. Qu'elle te
» choyera, qu'elle te caressera en songeant
» que tu viens de moi!

Rien, comme on voit par ces deux échantillons, rien de plus naïf que le ton qui régne dans les Idylles de M. Gessner;

c'est par-tout le langage de la nature ; ses Bergers n'ont jamais plus d'esprit qu'il ne convient à des Bergers d'en avoir : mais pour les nobles sentimens de vertu & de bienfaisance qui ne sont pas interdits aux Bergers, la manière affectueuse & touchante dont il les rend, fait infiniment d'honneur à son cœur.

Tous les ouvrages de notre Auteur sont écrits en prose mesurée, genre particulier dont la langue Allemande est plus susceptible qu'une autre ; genre mitoyen entre les vers & la prose commune ; genre qui a presque toute l'aisance de celle-ci, avec une bonne partie des agrémens de ceux-là : genre qui est à M. Gessner seul, & en qui n'ont réussi aucuns de ceux qui ont voulu l'adopter d'après lui.

Avant de finir, écrivant en un pays où la Poésie est timide dans ses fictions, je dois quelques mots au Public pour justifier la maniere dont la catastrophe est amenée dans notre Poëme. Le texte dit formellement, que Caïn attira son frere dans les champs, * sous prétexte de promenade, & qu'Abel ayant accepté la partie, Caïn le tua : au lieu que dans le Poëme Allemand le meurtre paroît plutôt l'effet d'une fureur subite, qu'un assassinat prémédité. Un Historien seroit inexcusable en rapportant un fait consigné dans l'Histoire Sainte, d'y faire la moindre altération : mais, comme l'a très-bien remarqué l'Auteur lui-même dans sa Préface, on ne tient pas tant rigueur à un Poète; parce qu'on le regarde comme un écrivain sans conséquence en matiere de faits : vérité si reconnue, que l'assemblage des faits dont un Poëme est composé, s'appelle communément *la Fable*. L'Historien est l'esclave

---

* *Dixitque Caïn ad Abel, fratrem suum : Egrediamur foras. Cumque essent in agro, consurrexit Caïn adversus fratrem suum Abel, & interfecit eum.* Genes. IV 8.

des faits; mais les faits sont à la discrétion du Poëte: il les taille, les augmente ou les diminue, suivant l'usage qu'il prétend en faire. Le nôtre avoit besoin que Caïn parût moins méchant qu'il n'est dans la Bible, pour intéresser la pitié en sa faveur, & montrer les ressources que peut trouver un coupable dans la miséricorde divine.

Pour revenir à ma Traduction, je crois bien être resté quelquefois au-dessous de la beauté de l'original; ou je serois le premier Traducteur à qui cela ne seroit pas arrivé. La langue Allemande a des hardiesses que non-seulement je ne pouvois pas, mais que je ne devois pas même rendre en François. Il m'a donc fallu en quelques endroits affoiblir les images, en choisissant à dessin des expressions moins énergiques. J'ai tâché seulement de racheter ces légeres altérations par des compensations, de manière que la somme des beautés fût à peu près la même dans les deux langues. Ai-je réussi? On en jugera l'original à la main.

LA MORT D'ABEL.

POËME.

CHANT PREMIER.

Je voudrois chanter en Vers sublimes les aventures de nos premiers parens après leur triste chûte, & célébrer celui qui le premier rendit sa poussière à la terre, immolé par la fureur de son frere. Repose-toi désormais, doux chalumeau, avec lequel je chantois autrefois l'agréable ſimplicité, & les mœurs de l'homme champêtre. Viens à mon ſecours noble enthouſiaſme, qui remplis l'ame du Poëte rêvant ſeul, dans une paiſible retraite ; ou dans l'obſcurité des bois, ou près d'une fontaine bordée d'arbriſſeaux, tandis que durant le ſilence de la nuit, la lune éclaire le monde de ſon pâle flambeau. Dès que le ſaint transport s'empare de lui, ſon imagination prend un eſſor vigoureux, & traverſant d'un vol hardi la région des ſubſtances créées, elle pénétre juſques dans l'Empire éloigné du poſſible ; elle découvre par-tout le merveilleux qui ſaiſit, & le beau qui enchante. Chargée de riches tréſors, elle revient conſtruire & arranger ſes divers matériaux, pendant que la raiſon économe combinant tout, en régle l'uſage. C'eſt celle-ci qui choiſit & rejette, n'admettant que ce qui forme des rapports harmoniques. Tandis que cette noble ardeur trompe les veilles du Poëte, les heures, les précieuſes heures lui échappent rapidement. O digne occupation des grandes ames ! Conſtance louable, que de veiller au chant nocturne de la cigale, jusqu'au lever de l'étoile du matin, pour s'acquérir l'eſtime & l'amour de ceux dont le goût épuré, fait priſer chaque beauté, & pour exciter des ſentimens de vertu dans les cœurs ſenſibles. Il eſt bien juſte que la poſtérité honore & couronne l'urne d'un Poëte qui a conſacré ſes talens aux mœurs & à l'innocence. Son nom ne périra point. Sa réputation eſt toujours fleuriſſante, pendant que les trophées d'un conquérant pouriſſent dans la pouſſière, & que le mauſolée ſuperbe d'un Prince ſans mérite, vieillit ignoré au milieu d'un déſert, parmi les buiſſons d'épines, couvert d'une mouſſe griſâtre, ſur laquelle le voyageur égaré ne ſe repoſe que rarement. Il eſt vrai que peu de ceux qui ont entrepris de chanter ces dignes objets, ont obtenu de la nature le don de les bien chanter. Mais c'eſt déja un effort louable, de l'avoir tenté. J'y consacre mes promenades solitaires, & tous mes instans de loisir.

Les heures paisibles ramenoient l'aurore au teint de rose, & rabattoient les vapeurs de la nuit sur la terre ombragée; le soleil dardant ses premiers rayons de derrière les noirs cédres de la montagne, teignoit d'un pourpre étincelant les nuées qui nageoient dans la vague des airs encore foiblement éclairés, lorsqu'Abel & sa bien-aimée Thirza sortirent de leur cabane pour se rendre sous le prochain berceau, tissu de jasmin & de roses entrelacées. L'amour le plus tendre & la vertu la plus pure répandoient un doux souris dans les beaux yeux de Thirza, & des graces attrayantes sur l'incarnat de ses joues; pendant que les ondes de sa blonde chevelure descendoient sur son col d'albâtre, ou se jouant sur ses épaules, ornoient sa taille fine & déliée; c'est ainsi qu'elle marchoit à côté d'Abel. Le front élevé du jeune homme étoit ombragé par les boucles de ses cheveux bruns, qui ne passoient pas ses épaules. Un air de réflexion & de pensée se mêloit agréablement à la sérénité de ses regards; il marchoit avec cette grace aisée qu'a un Ange, lorsqu'il s'enveloppe dans un corps opaque pour se rendre visible aux mortels; & que chargé d'un bon message de la part du Seigneur, il doit apparoître à quelqu'homme pieux qui implore le Ciel dans la solitude. Il est à la vérité, voilé d'un corps de forme humaine: mais le voile est d'une beauté si ravissante, qu'on voit à travers briller l'Ange. Thirza le regarda avec un tendre souris, en lui disant: O mon bien-aimé, maintenant que les oiseaux se réveillent pour le chant du matin, chante-moi, je te prie, le nouveau Cantique que tu fis hier aux pâturages. Qu'y a-t-il de plus gracieux que de louer le Seigneur par des chants? Oh! quand tu chantes, mon cœur plein d'un saint transport en palpite. Rien ne me charme comme de t'entendre exprimer en termes propres, des sentimens que j'éprouvois, mais que je ne pouvois pas rendre. Abel lui répondit en l'embrassant : O! ma Thirza, ce que ta belle bouche demande va t'être accordé. Dès que je lis ton desir dans tes yeux, je m'empresse de le remplir. Asseyons-nous sur cette tendre mousse, & je chanterai le Cantique. Ils s'assirent l'un à côté de l'autre dans le berceau aromatique, dont le soleil du matin doroit l'entrée, & Abel commença ainsi son Cantique.

Retire-toi, ô sommeil, des yeux de tous les Etres ; fuyez, songes volages. La raison commence à reparoître, & rend la clarté à l'ame, ainsi que le soleil du matin rend la lumiere aux campagnes. Nous te saluons, aimable soleil, toi qui parois derriere les cédres ; tu répand les couleurs & les charmes sur toute la nature, & chaque beauté vient nous sourire avec ses graces rajeunies.

Retire-toi, ô ſommeil, des yeux de tous les Etres; fuyez, ſonges volages, vers les ombres de la nuit. Où ſont-elles les ombres de la nuit ? Elles ſe ſont retirées dans le fond des forêts & dans les antres des rochers pour nous y attendre; nous les y trouverons dans d'épais berceaux, avec une fraîcheur récréative pendant l'ardeur du midi. Là-bas où le matin a réveillé l'aigle le premier, là-bas ſur les ſommets éclatans des rochers & ſur les fronts brillans des montagnes, quelles exhalaiſons ſe mêlent à l'air ſerein du matin, ainſi que la fumée des holocauſtes s'éleve de deſſus l'autel ! C'eſt la nature qui célebre l'ouverture du jour, & qui fait au Dieu Créateur des ſacrifices d'actions de graces. Chaque créature doit le louer, lui qui produit & qui conſerve tout; c'eſt pour le louer que les fleurs naiſſantes exhalent dès le point du jour leurs parfums odorans; c'eſt pour lui que les chœurs divers des oiſeaux chantent du haut des airs, ou du ſommet des arbres, à la vue du ſoleil levant ; c'eſt pour l'honorer que le lion ſort de ſa caverne, & fait retentir les déſerts de ſes terribles rugiſſemens. Loue, ô mon ame, le Dieu Créateur & conſervateur ! Que le cantique des hommes s'éleve vers toi, Seigneur, avant ceux des autres créatures, que l'homme te loue, pendant que les oiſeaux ſommeillent encore ſur les ſommets & dans les bocages. Que mes chants ſolitaires les préviennent dès la naiſſance du crépuſcule, & invitent tout ce qui exiſte à louer le Créateur ! O que ta création eſt magnifique ! tu nous y développes gracieuſement les vues de ta ſageſſe & de ta bonté. Chacun de mes ſens puiſe des tranſports dans cette mer infinie de beautés, & les fait couler à mon ame ravie. Comment pourra-t-elle te balbutier ſes louanges ? Qu'eſt-ce qui t'a obligé, ô Tout-puiſſant, de ſortir du ſacré ſilence qui environnoit ton Trône ; d'appeller des Etres du néant,

& de tirer cet Univers immense de la nuit? Ce fut ta bonté infinie; tu voulois faire naître & rendre heureux des Etres hors de toi. O toi, matin, quand le soleil dégagé des vapeurs de l'horison, chasse la nuit devant ses pas, quand ensuite la nature brille d'une beauté rajeunie, & que toutes les créatures qui étoient livrées au sommeil, se réveillent pour tes louanges; alors tu es pour moi une vive image de la création. Tu me peins ce premier matin où le Créateur étoit porté au-dessus de la terre naissante. Un vaste silence régnoit sur la surface inhabitée de notre terre, lorsque le Créateur fit entendre sa voix; aussi-tôt une armée infiniment variée en beautés s'élance dans les airs, porté sur des aîles bigarrées, ou cherche les ombres des forêts: son chant perçant retentit à travers les bois étonnés, & l'air bruyant répete les louanges du Créateur. Même prodige lorqu'il fut porté de nouveau dessus de la terre, & qu'il y appella les animaux. Il fit entendre sa voix : aussi-tôt les mottes se développant, formèrent des figures innombrables, la terre animée se mit à sauter sur la verte prairie, sous la forme d'un cheval vif qui secoue sa criniere en hennissant; moitié terre encore, & moitié animal, le fort lion impatient de se dégager, essaya ses premiers rugissemens : plus loin s'agitoit une colline, & la voilà qui s'avance d'elle-même devenue éléphant; ainsi des voix innombrables s'éleverent tout-à-coup vers le Créateur. C'est ainsi, grand Dieu! que tu tires chaque matin tes créatures de leur sommeil, image du néant; elles se réveillent, & se voyant environnées des trésors de ta bonté, elles chantent unanimement ta gloire. Un jour viendra, (car l'avenir se découvre à mes yeux) où l'espece humaine étant repandue par toute la terre, tu auras des autels sur chaque colline; & quand le soleil du matin réveillera les Nations, les Hymnes & les Cantiques retentiront dans tous les coins de la Terre , depuis l'Orient jusqu'à l'Occident.

Ainsi chanta Abel assis à côté de sa bien-aimée, qui, ravie par un transport religieux, sembloit encore écouter lorsqu'il eut fini. Alors lui ayant passé ses bras de lis autour des reins, elle le regarda tendrement, en lui disant : O mon bien-aimé, comme tes chants élevent mon ame vers Dieu! O mon bien-aimé, non-seulement tes tendres soins protégent mon corps plus foible que le tien; mais mon ame même prend l'essor sous ta direction. Quand elle s'égare de son sentier, quand elle ne voit plus que de l'obscurité autour d'elle & qu'elle tombe dans un saint étonnement; alors tu la soutiens, tu écartes les nuages, & tu convertis sa surprise en admiration & en enthousiasme. Hélas! combien de fois n'ai-je pas rendu grace à la bonté éternelle! . . . à chaque heure je la remercie avec des larmes de joie, de ce qu'elle t'a créé pour moi, & moi pour toi : d'accord en tout ce que l'ame peut penſer & ce que le cœur peut déſirer, nous ſommes faits l'un pour l'autre.

Tandis qu'elle parloit, le tendre amour verſoit des graces inexprimables ſur chaque parole & ſur chaque geſte. Abel ne lui répondit point, mais les larmes de joie qui coulèrent ſur ſes joues, tandis qu'il la regardoit tendrement & la ſerroit contre ſon ſein, exprimoient mieux ſes ſentimens que n'euſſent pu faire des paroles. Hélas! telle eſt la félicité de l'homme, lorſqu'encore content du néceſſaire, il ne demandoit à la terre que les fruits qu'elle lui accordoit libéralement, lorſqu'il n'imploroit le ciel que pour la vertu & la ſanté. Son mécontentement n'avoit pas encore multiplié ces vœux inſatiables, qui inventèrent des beſoins ſans nombre, & qui enſevelirent ſon bonheur ſous des maux éclatans. Que leur falloit-il alors pour être unis par les plus heureux liens, que de l'amour, de la vertu & des charmes ? Au lieu qu'à présent, malheur, hélas! trop fréquent, des amans vertueux que le ciel avoit formés l'un pour l'autre, se consument en regrets, sans espérance de pouvoir jamais s'unir ensemble; ou parce que l'indigence menace leurs jours de disette & de misere, ou parce que l'orgueil & la fausse ambition des parens traversent tyranniquement leur amour.

Les deux époux étoient encore assis, lorsqu'Adam & Eve entrèrent. Ils avoient écouté devant le berceau le cantique d'Abel & les discours amoureux de Thirza. Ils embrassèrent tendrement leurs enfans; leur bonheur & leur vertu répandirent sur leurs joues les symboles de la plus vive joie que l'amour paternel puisse faire goûter à des parens satisfaits. Mehala, l'épouse de Caïn, avoit suivi jusqu'au berceau les traces de sa mere; le chagrin que lui causoit l'humeur altière & emportée de son époux, avoit imprimé à son front un air sérieux. Une douce langueur étoit peinte dans ses yeux noirs, & la pâleur couvroit ses joues qu'accompagnoient des boucles rembrunies. Elle avoit pleuré à côté du feuillage, pendant le tems que Thirza embrassoit son époux & lui exprimoit la joie qu'elle avoit d'être créée pour lui : mais ayant essuyé les larmes de ses joues ; elle entra avec un souris gracieux sous le berceau, & salua avec une tendre affection son frere & sa sœur. A cette même heure Caïn passa devant le berceau, il avoit aussi entendu le chant d'Abel; il avoit vu avec quelle tendresse leur pere commun l'avoit embrassé ; il lança des regards furieux sur le berceau, & dit : comme ils sont transportés ! comme ils l'embrassent, parce qu'il a chanté je ne sais quelle chanson ! Il fait bien de composer des chansons, & de les frédonner pour s'empêcher de dormir, quand il est sans rien faire assis à l'ombre, près de son troupeau. Pour moi, brûlé par l'ardeur du soleil, il ne me reste dans mes rudes travaux, ni tems, ni courage pour chanter. Quand j'ai supporté bien des fatigues pendant le jour, mes membres lassés demandent le repos, & dès le matin le travail m'attend dans les champs. Pour ce beau jeune homme, délicat & oisif, qui mourroit s'il supportoit un seul jour mes travaux, il est sans cesse baigné de leurs larmes, ils passent leur vie à l'embrasser. Je hais ces tendresses efféminées, mais.... aussi n'en suis-je point incommodé, quoique je cultive la terre ingrate pendant toute l'ardeur du jour.... Comme elles coulent, leurs larmes de joie.

Ces mots dits, il continua de marcher vers ses champs. On l'avoit entendu dans le berceau, Mehala devenue encore plus pâle, se laissa tomber à côté de Thirza en pleurant amerement, & Eve appuyée languissamment sur son époux, pleura aussi de la dureté de son premier né. Cependant Abel leur dit: O mes chers parens, je vais aux champs trouver mon frère, l'embrasser amicalement ; je vais lui dire tout ce que l'amour fraternel peut inspirer, je vais le tenir serré dans mes bras jusqu'à ce qu'il me promette d'abjurer toute aigreur, jusqu'à ce qu'il me promette de m'aimer. Hélas ! j'ai sondé le fond de mon ame, je l'ai interrogée pour savoir par quelle voie je pourrois gagner l'amour de mon frere, & me frayer le chemin de son cœur. J'ai réussi quelquefois, j'ai rallumé son amour éteint ; mais, hélas ! le chagrin & le mécontentement au front farouche, revenoient bientôt éteindre ce feu naissant, & étouffer sa sainte flamme.

Le pere lui répondit, consterné : Je veux, mon cher fils, je veux moi-même l'aller trouver aux champs. Hélas ! je lui dirai tout ce que mon amour paternel, tout ce que la raison me pourront suggérer. Caïn, Caïn, ah ! que tu remplis mon ame de soucis cuisans ! les passions peuvent-elles exciter dans l'ame du pécheur un tumulte si terrible, & en arracher tout ſentiment de bienfaiſance & de vertu! Ah! malheureux que je ſuis, quels ſombres preſſentimens accompagnent les regards que je haſarde dans l'avenir ſur mes derniers neveux? O péché, péché deſtructeur! quelle funeſte déſolation tu répands dans l'ame des mortels! ainſi parla Adam, & ſortant du berceau, enſeveli dans une profonde méditation, il alla aux champs trouver ſon prémier né. Caïn le voyant venir à lui, interrompit ſon travail & lui parla ainſi: Quel air ſérieux, mon pere! ce n'eſt pas avec ce front ſévère que tu viens d'embraſſer mon frere; déja je lis le reproche dans tes yeux.

Tu le lis, lui dit Adam, après lui avoir donné le ſalut paternel, tu le lis dans mes yeux; tu ſais donc que tu le mérites. Oui, Caïn, tu mérites des reproches; c'eſt le chagrin, c'eſt la douleur amère dont tu abreuves l'ame de ton pere, qui me conduiſent auprès de toi.

Et non pas l'amour, interrompit Caïn, ce sentiment est réservé pour Abel.

C'est aussi l'amour, Caïn, lui répondit Adam; le ciel m'en est témoin: ces larmes, ces chagrins, ces soucis inquiets qui m'agitent, & qui agitent aussi celle qui t'a enfanté avec douleur, sont les effets de l'amour le plus affectueux, c'est ce même amour qui obscurcit nos jours par l'affliction, & nous fait passer les nuits à gémir sans relâche. O Caïn, Caïn! si tu nous aimois, ton soin le plus tendre seroit d'essuyer nos larmes, & d'écarter l'horreur ténébreuse qui couvre nos jours. Ah! si tu conserves encore dans ton cœur du respect pour le Tout-puissant, qui voit dans l'intérieur, si la moindre étincelle d'amour filial brûle encore dans ton cœur; je te conjure par ce respect, par cet amour, rends-nous notre repos, rends-nous notre joie éteinte; ne nourris pas plus long-tems cette sombre humeur, & cet haine invétérée contre un frère qui t'aime, &

qui fait tous ſes efforts pour arracher de ton ame cette ivraie qui l'infecte. O Caïn! ce qui te fâche ce qui excite cette violente tempête dans ton ame, ce ſont ces larmes de joie que nous fait verſer ſa piété pure, & ces doux tranſports que nous inſpire ſa vertu ſans tache. Les Anges qui nous environnent applaudiſſent à chaque bonne action qu'ils contemplent, & le Tout-Puiſſant du haut des Cieux les voit avec une gracieuſe complaiſance. Voudrois-tu changer la nature invariable de ce qui eſt beau & bon? Nous ne le pouvons pas; & quand nous le pourrions, Caïn, quelle triſte faculté que de pouvoir réſiſter à cette noble joie, à ces douces impreſſions qui entraînent notre ame dans le raviſſement! Un orage nocturne, un tonnerre furieux ne répandent point ſur les joues un ſouris gracieux; l'agitation de l'ame, & le tumulte des paſſions ne font pas germer la joie dans le cœur.

Caïn répondit : Serai-je donc éternellement persécuté par ces fâcheux reproches ? Si l'agréable souris n'est pas toujours peint sur mes levres, ou si des larmes de tendresse ne coulent pas toujours sur mes joues, pourquoi donc imputer ma gravité mâle à des vices détestables ? Né d'un caractère plus viril, j'ai toujours choisi les entreprises les plus hardies, & les travaux les plus rudes ; & je ne puis pas commander au sérieux empreint sur mon front de se résoudre en larmes de tendresse, ou de se changer en souris. L'aigle n'a pas coutume de gémir comme la tendre colombe.

Adam lui répondit avec une majestueuse gravité : Tu te trompes toi-même, tu te caches soigneusement d'affreux sentimens, que tu ferois mieux d'étouffer. O Caïn, ce n'est pas une mâle gravité qui est empreinte sur ton front, c'est le chagrin, c'est le mécontentement qui se découvre dans toutes tes actions ; ces passions

passions ont répandu un nuage épais sur tout ce qui t'environne. C'est-là ce qui te fait murmurer entre tes dents durant les travaux de la journée ; c'est-là ce qui te donne contre nous cette humeur chagrine qui te ronge. Que faut-il pour te satisfaire? parles, nous le ferons. Ah! si nous pouvions rendre tes jours sereins comme une belle matinée du printems, nos vœux les plus ardens seront accomplis. Mais, Caïn, à quoi en veut ton inquiétude violente? Toutes les sources du bonheur ne te sont-elles pas ouvertes? La nature entière ne t'offre-t-elle pas toutes ses beautés? Tout ce qui est bon, utile, agréable, tout ce que peuvent produire à notre avantage, la nature, l'esprit & la vertu, ne t'est-il pas offert comme à nous? Mais tu négliges tous les biens sans en jouir, & après cela tu te plains de la misere. Est-ce que tu serois mécontent de la portion de bonheur que l'indulgence divine a bien voulu laisser à l'homme déchu? Envierois-tu le sort des Anges ? Sache que des Anges ont pû être mécontens, ils voulurent être des Dieux & perdirent le ciel. Est-ce que tu murmurerois contre la conduite du Créateur, par rapport au Pécheur ? Quoi! tandis que l'assemblage général des Etres créés loue son Créateur, un mortel tiré de la fange, un vermisseau ose lever la tête de sa poussiere, & murmurer contre celui dont la sagesse infinie gouverne les cieux, aux yeux de qui tout le labyrinthe de notre destin est ouvert; qui connoît ce qui est, ce qui sera, & qui sait comment le mal distribué sagement sur la terre, y doit faire fleurir le bien. O mon fils, de la gaieté dans l'ame; mon cher fils, que le mécontentement & le chagrin ne troublent plus tes pensées, n'obscurcissent point tes regards, & te laissent voir d'un œil serein tous les plaisirs innocens que la nature te prépare.

Qu'ai-je à faire de ces exhortations, dit Caïn, en détournant un front sourcilleux ? Ne le sai-je pas bien, que si je pouvois être gai, tout ce qui m'environne seroit riant comme une belle aurore ? Mais puis-je commander à l'orage de n'être point furieux, & au torrent impétueux de rester paisible ? Je suis né de la femme, & dès mon origine condamné au malheur ; le Seigneur a versé sur moi sa plus grande coupe de malédiction ; les sources de plaisirs & de bonheur où vous puisez ne coulent pas pour moi.

Cependant, des pleurs inondoient le visage du pere. Hélas ! mon fils, oui sans doute il n'est que trop vrai, la malédiction divine a frappé tous ceux qui sont nés de la femme : mais, mon bien-aimé, le Seigneur auroit-il versé plus de malédiction sur la naissance du premier né, qu'il n'en a versé sur nous lorsque nous avons péché ? Non, il ne l'a pas fait, ni pu faire, ce Dieu infiniment bon. Non, Caïn, tu n'es pas né pour la misere ; le Seigneur n'appelle aucune créature du néant, pour qu'elle soit malheureuse. Il est vrai que l'homme par sa faute peut être malheureux, qu'il peut ne pas savoir jouir, & se faire de la vie un supplice. Quand sa raison succombe aux attaques des passions impétueuses, à la cupidité, aux desirs criminels, il devient misérable, & tout ce qui étoit bon de sa nature lui tourne en poison. Tu ne peut pas commander à l'orage de n'être pas furieux, & au torrent impétueux de rester paisible : mais tu peux dégager ta raison des nuages qui l'obscurcissent, & rendre la clarté à ton ame ; alors elle commandera impérieusement à ces passions qui la gourmandent, elle modérera la cupidité, ira fouiller au fond de ton ame ; tous tes sentimens mis au creuset seront épurés ; les vains souhaits & les desirs impurs disparoîtront comme les brouillards du matin disparoissent devant le soleil. J'ai vu, Caïn, avant ces temsci, j'ai vu des larmes de joie sur tes joues ; la joie se répandoit sur toute ton ame quand ta raison approuvoit tes actions vertueuses. Parle toi-même, Caïn : n'étois-tu pas heureux alors ? Ton ame n'étoit-elle pas alors comme le pur azur des cieux sans taches & sans nuages ? Rappelle à toi, ce rayon de la Divinité, cette saine raison : Directrices des mœurs, & la vertu, sa compagne inséparable, ramenera la joie dans ton ame, en y ramenant le bonheur. O mon cher fils, écoute mes exhortations ! La premiere chose que te commande ta raison remise dans ses droits, c'est d'aller embrasser ton frere. Comme sa joie s'épanchera en larmes ! avec quelle tendresse il te serrera contre sa poitrine !

Je l'embrasserai, mon pere, reprit Caïn, quand je serai de retour des champs : maintenant l'ouvrage m'appelle. Je l'embrasserai ; mais.... de ma vie, mon ame, qui est née forte & mâle, ne s'accoutumera à cette mollesse efféminée, qui vous le rend si cher, & qui vous arrache tant de larmes de joie ; à cette mollesse qui a attiré sur nous tous la malédiction, lorsque dans le Paradis tu te laissas gagner trop facilement par quelques larmes.... Mais que fais-je, misérable ? Est-ce que je m'échapperois en reproches ? Non, mon pere, je t'honore, ô mon pere, & je me tais. Ainsi parla Caïn, & s'en retourna à son travail.

Adam étoit resté immobile, pleurant amérement, & levant les mains vers le Ciel, Ah ! Caïn, Caïn, lui cria-t-il en s'en allant, je les ai mérité ces sanglans reproches. Mais ne devois-tu pas épargner ton pere, & t'interdire ce blâme outrageant, qui ébranle mon ame comme un tonnerre ? Ah ! malheureux que je suis ! C'est ainsi, (car je le pressens déja) c'est ainsi que mes derniers neveux, quand ils se traîneront dans la fange du péché, & que le châtiment inséparable du crime, se fera sentir dans toute sa rigueur ; s'éléveront contre ma poussière, & maudiront le premier pécheur ! ainsi parla Adam, en ſe retirant des champs, contriſté, la face penchée contre terre. De tems en tems ſeulement il levoit les yeux au Ciel, en gémiſſant tout haut, & portoit ſes deux mains jointes au-deſſus de ſa tête. Caïn le regardoit, & s'ecria, pénétré de douleur à ſon tour : Comme il leve triſtement les mains vers le Ciel! comme il ſe lamente! comme il gémit!... Je lui ai fait des reproches inſultans, à ce bon pere!... Où m'emporte mon aveugle rage? Un enfer déchire mes entrailles! Ah! malheureux que je ſuis, je porte une horreur continuelle dans leur ame, j'empoiſonne, je détruis tous leurs plaiſirs. Je ne ſuis pas digne d'habiter parmi les hommes, je devrois demeurer parmi les monſtres ſauvages, qui exercent brutalement leur fureur dans les déſerts. Le voilà déja loin de moi, & je l'entends encore gémir. Comme il chancelle, accablé par la douleur!... Si je courois après lui? ſi j'allois embraſſer ſes genoux, & lui demander ma grace par ce qu'il y a de plus sacré? Oui.... je le vois bien, mon malheur ne vient point du dehors; c'est dans mon propre cœur, foible & mal gardé, que s'élevent ces noirs orages qui foudroyent tous mes plaisirs & les leurs. Revenez, ô raison, ô vertu! triomphez des passions fougueuses qui vous offusquent, & éteignez cet enfer qui déchire mon ame! Voilà mon pere arrêté là-bas, comme sans sentiment, les mains levées au-dessus de sa tête, il paroît implorer le Ciel. Je cours me jetter à ses pieds, ô misérable que je suis!

Et sans délai Caïn courut à son pere, qui, appuyé sans force contre une souche, rêvoit tristement, & pleuroit les yeux baissés vers la terre. Toute l'ame du fils fut ébranlée à cette vue, il se jetta sur la poussière devant lui, embrassa ses genoux, un torrent de larmes sortit de ses yeux, il leva ses regards sur son pere, en lui disant: Pardonne-moi, ô mon père ?... encore ne suis-je pas digne de t'appeller mon pere, je mérite que tu te détournes de moi avec horreur. Mais vois les larmes de mon repentir, vois mes regrets & me pardonne. Misérable que je suis! j'étois sourd à tes exhortations ; mais, ô mon pere! lorsque tu t'en retournois en pleurant, les mains levées vers le Ciel, un frémissement a saisi mon ame & l'a éclairée d'un trait subit ; je viens à présent.... je viens pleurer devant toi. Vois toute ma difformité : mais vois aussi ma désolation, je demande humblement pardon, ô mon pere, à Dieu, à toi-même, à mon frere, à tous ceux que j'ai offensés.

Leve-toi, mon fils, leve-toi que je t'embrasse, dit le pere en sanglottant & le serrant affectueusement contre sa poitrine. Celui qui habite dans le Ciel voit avec une bénigne complaisance ces larmes que tu verses. Mon fils, mon bien-aimé, embrasse-moi.... Oh! que mon chagrin s'est rapidement converti en joie ;

Heure ſolemnelle, heure à jamais bénie, dans laquelle mon fils, mon premier né, nous rend la paix; dans laquelle il m'embraſſe avec des larmes d'attendriſſement. Embraſſe-moi encore, ſoutiens-moi, mon fils, la joie me fait chanceler; mais ne différons pas, mon bien-aimé, allons trouver ton frère, qu'il t'embraſſe auſſi.

Ils alloient trouver le frere aux pâturages, lorſqu'Abel, à côté de ſa mere, avec Mehala & Thirza, ſortit des bocages. Ils avoient ſuivi ſecrétement Adam, pour écouter leur entretien, ſi intéreſſant pour toute ſa famille. Abel vole à bras ouverts au-devant de Caïn; le preſſe en pleurant, ſans pouvoir exprimer ſes tranſports. Mon frere, mon frere, dit-il, d'une voix entrecoupée de ſanglots, & tu m'aimes! ah! fais, fais que je l'entende de ta bouche! tu m'aimes... ô joie inexprimable!

Oui, mon frere, je t'aime, répondit Caïn en l'embraſſant; peux-tu.... pouvez-vous tous oublier mes offenſes, me pardonner d'avoir si long-tems chassé le repos loin de vous, & répandu sur vos jours l'affliction & la douleur? Mon ame comme une éclair s'est dégagée de cette obscurité, & a dissipé cette tempête furieuse. Cette herbe maudite qui étouffoit dans mon sein le germe du bien, est foulée à mes pieds, & ne se relévera jamais. Pardonne-moi, mon frere, & garde-toi de jetter la vue dans la funeste obscurité du passé.

Abel repartit vivement, en l'embrassant avec un nouveau transport de tendresse : Non jamais, ni toi non plus, mon bien-aimé, laissons le passé. Quoi! nous n'oublierions pas le chagrin d'un songe léger du matin, quand nous nous éveillons pour goûter un bonheur assuré, & que des torrens de joie nous environnent! Ah! Caïn, que ne puis-je t'exprimer ma joie, la moitié de mes transports! je perds la voix, je pleure, je te serre contre ma poitrine, & pleure encore.

Pendant que les freres s'embrassoient, Eve, témoin de cette scene si touchante, fondoit en larmes; & lorsque les sanglots un peu modérés eurent fait place à la voix: Non, mes enfants, dit-elle: non, mes bien-aimés, depuis que j'ai entendu pour la premiere fois le doux nom de mere des lévres de mon premier né, jamais je n'ai senti une joie si vive. Il me semble que de lourdes montagnes se soient écoulées tout-à-coup de dessus ma tête, tant je me sens légere & déchargée du poids des ennuis qui m'accabloient. Toutes les heures vont m'être désormais riantes & agréables. La joie & la concorce sont au milieu de ceux qui reposoient dans mon flanc, qui ont sucé mes mammelles. Oui, me voici semblable à une vigne féconde, qui porte de doux raisins: le passant bénit cette vigne de ce qu'elle porte de si doux fruits. Embrassez-vous, mes enfans, embrassez-moi, que je baise chaque larme répandue sur vos joues, ces pleurs précieuses que l'amour fraternel a fait couler. Elle dit, & remplie d'un transport inexprimable, elle embrassa ses fils. Elle embrassa aussi Mehala & Thirza, & de nouvelles larmes accompagnèrent encore ces nouveaux embrassémens. Alors l'épouse de Caïn dit à sa sœur avec un soupir de joie : Ah ! ma bien-aimée, ah ! quels délices ! que ce jour soit un jour solemnel ! Viens cueillir les plus belles fleurs pour les répandre sur la table dans le berceau ; allons choisir les meilleurs fruits que portent nos arbres & nos arbustes ; Que ce jour soit pour nous un jour de délices, qu'il s'écoule dans de doux transports. Elles se hâtèrent d'aller dépouiller les arbres & les fertiles espaliers ; la joie leur prêtoit des ailes.

Caïn & Abel se tenant la main, & près deux Adam & Eve, enyvrés d'une satisfaction parfaite, s'avançoient ensemble vers la colline. Lorsqu'ils y arrivèrent, les sœurs avoient déja paré la table du berceau de divers fruits, entremêlés de fleurs odorantes, mêlange délicieux d'éclat, de couleurs & d'odeurs suaves. Ils s'assirent pour ce repas délicieux : la joie, la gayeté, les doux entretiens amenèrent rapidement la fraîche soirée.

LA MORT D'ABEL.

CHANT SECOND.

TANDIS que la premiere famille du monde goûtoit une joie pure dans le berceau, le pere des hommes prit la parole en ces termes : Vous sentez à présent, ô mes enfans, quelle sérénité se répand dans notre ame après une bonne action ; vous sentez qu'on n'est heureux véritablement que quand on est vertueux. Par la vertu, nous nous égalons aux purs

Esprits ; nous nous portons pour ainsi dire dans le Ciel ; tandis qu'au contraire, si nous nous laissons subjuguer par la passion, elle nous dégrade & nous entraîne dans de sombres labyrinthes, où l'inquiétude, la détresse, la misère & le repentir, nous épient & s'emparent de nous. O Eve ! eussions-nous crû, lorsque nous tenant par la main, nous quittâmes tristement le Paradis, que tant de félicité nous fût réservée dans cette terre maudite ? Hélas ! j'ai toujours présentes à l'esprit les circonstances de ce triste bannissement.

Adam se tut, & Abel lui dit : O mon pere, si rien ne t'empêche de goûter avec nous les charmes de cette belle soirée, sous ce riant berceau, si tu ne t'es pas proposé d'aller à la tendre lueur du crépuscule, te plonger dans des méditations profondes, daigne condescendre à ma priere ; fais-nous le tableau des jours qui se sont écoulés depuis l'époque de votre fatale transmigration en cette vaste terre, jusqu'au moment présent.

Tous alors regardèrent Adam avec une attention muette, impatiens de savoir ce que produiroit la priere d'Abel. Y a-t-il quelque chose, lui dit-il, que je puisse te refuser en ce jour de joie? Je vais vous raconter ces tems de grace & de miséricorde, signalés par les promesses & les espérances données à l'homme pécheur. Dis-moi, chere Eve, où commencerai-je cette importante histoire? Sera-ce à l'instant où nous tenant par la main, nous nous éloignâmes du Paradis? Mais, ô ma bien-aimée, déja je vois tes yeux inondés de pleurs. Commence-la, dit-elle, cher époux, à l'endroit où jettant mes derniers regards sur le Paradis avec un torrent de larmes, je me laissai tomber dans tes bras accablée de regret & de désespoir. Mais ce que je sentis alors, laisse-le moi décrire moi-même; car je craindrois que pour ménager ma foiblesse, tu n'esquissasses trop légérement cette scène si touchante. Déja l'épée de l'Ange qui nous conduisoit hors du Paradis avec une compassion obligeante, flamboyoit loin derriere nous, sa voix nous rappelloit encore le souvenir des promesses & de la grace excessive d'un Dieu offensé. Déja nous étions descendus sur la terre & marchions à travers des déserts arides; là il n'y avoit plus d'Eden; ce que nous traversions n'étoit pas tapissé de ces fleurs agréablement odorantes, ni garni d'arbres ou d'arbrisseaux fertiles, on n'en voyoit que de loin en loin, sur un terrein sec, comme on voit des Isles semées à de grandes distances dans les mers. Nous marchions en silence, & la terre n'étoit qu'un triste & vaste désert. Adam me tenoit la main. Je jettois sans cesse, en pleurant, des regards désolés sur le séjour de délices que nous perdions: mais je n'osois lever les yeux sur la déplorable victime de ma séduction, qui partageoit mon désastre. Il marchoit à côté de moi la tête penchée vers la terre, tantôt laissant errer sa vue ſur les campagnes, tantôt la fixant ſur moi ; je fondois auſſi-tôt en larmes. Ces larmes lui fermoient la bouche ; il ne pouvoit que me preſſer langoureuſement contre ſa poitrine. Arrivés au penchant d'une colline, dont le ſommet commençoit à nous dérober la vue du Paradis ; je m'arrêtai, ſaiſie d'un accablement qui me rendoit immobile, & le contemplant douloureuſement, je fis retentir la contrée de mes cris. Hélas ! c'eſt peut-être pour la dernière fois que je le vois, ce Paradis, mon lieu natal, où, cher époux, ſi tu me permets encore de t'appeller de ce nom, ayant demandé avec inſtance une compagne à ton Créateur, tu fus malheureuſement exaucé, & ta perte naquit de ton propre flanc. Belles fleurs, que ma main ſoigneuſe a cultivées, pour qui exhalez-vous maintenant vos ſuaves émanations ? Vous, charmans boſquets, qui eſt-ce qui jouit du frais qu'entretiennent vos feuillages odorans ? Arbres féconds en fruits de toutes especes, à qui réservez-vous vos riches dépouilles? Je ne verrai plus ce lieu enchanteur. L'air balsamique qu'on y respire est trop pur pour une malheureuse souillée de crimes; c'est un séjour trop saint pour une pécheresse. O funeste dégradation! chéris des Esprits célestes, sortis si purs, si heureux des mains du Créateur, que notre chûte à tous deux est affreuse! A tous deux, hélas! car tu es tombé toi-même, séduit par ta perfide épouse. Oh! toi, cher & déplorable complice, sur qui je n'ose à peine lever les yeux, n'use point, hélas! du droit que je t'ai donné de me haïr. Ne m'abandonne pas, ô mon unique soutien, ne m'abandonne pas, je t'en conjure par le Dieu que nous servons, par les promesses même que son indulgente bonté nous a faites, par notre misere présente. Il est vrai, je ne mérite de ta part que haine & exécration: mais permets-moi seulement de suivre servilement tes pas, de ſoulager les peines où je t'ai plongé ; qu'un regard, un ſigne m'expliquent tes vœux & tes volontés ! Je joncherai de fleurs tous les lieux où tu auras établi ta demeure, j'irai dans des réduits ſolitaires cueillir pour toi les fruits les plus exquis ; & je m'eſtimerai heureuſe, ſi pour lors tu récompenſes mes foibles ſervices d'un regard de compaſſion. Ayant ceſſé de parler, je me laiſſai tomber dans ſes bras ; il me ſerra affectueuſement contre ſa poitrine, m'arroſa de ſes larmes, & me dit : O épouſe tendrement chérie, ne rendons pas par des reproches amers nos maux plus amers encore ; nous en avons tous deux mérité bien plus que nous n'en ſouffrons ; notre Dieu, en nous puniſſant, a tempéré ſes vengeances par des promeſſes. Il eſt vrai qu'elles ſont voilées d'une ſainte obſcurité ; mais à travers cette obſcurité même, la bonté divine perce & ſe fait ſentir. S'il n'eût écouté que ſa juſte colere, hélas ! que ſerions-nous devenus ?

Non, ma bien-aimée, il ne faut pas que des plaintes importunes & des reproches amers nous rendent indignes de sa grace, & profanent nos levres; ne les ouvrons que pour des actes de piété & des actions de grace. Son regard pénétrant perce les plus obscures ténébres; & comme il découvre au fond des ames les péchés les plus secrets, il verra de même dans les nôtres, notre humiliation, notre reconnoissance, nos hommages & nos efforts imparfaits pour le bien. Embrasse-moi, chère Eve, donnons cet innocent intermède à notre misère. Que des secours mutuels servent à l'adoucir; luttons de concert contre notre ennemi commun, l'affreux péché, & tâchons de nous réhabiliter dans notre dignité primitive, autant que notre corruption actuelle le permet: que la paix & le tendre amour soient toujours au milieu de nous, & nous prêtant une main sécourable, nous supporterons avec moins de tristesse & d'accablement le fardeau qui nous est imposé, & nous irons courageusement au-devant de la mort, qui, comme il paroît, ne s'avance que lentement. Maintenant descendons vers les peupliers qui servent d'avenue à ce rocher : le soir vient & ce lieu sera commode pour y passer la nuit. Adam cessa de parler, je l'embrassai à mon tour; ensuite ayant essuyé les larmes de mes yeux avec les tresses de ma chevelure, nous descendîmes au pied de la colline, & gagnâmes le bois de peupliers qui bordoit le pied du rocher.

Eve se tût, & jetta un tendre souris sur Adam, qui reprit ainsi le fil de l'histoire. Nous avancâmes, mes enfans, sous ces peupliers ; & ayant pénétré jusqu'au rocher, nous le trouvâmes creux : sa cavité formoit une grotte. Vois, dis-je, à votre mere, vois combien de commodités la nature nous offre, vois cette grotte riante & cette source pure qui coule à côté avec un doux murmure. Préparons ici notre gîte : mais, chère Eve, il faudra que j'en ferme l'entrée aux surprises nocturnes des ennemis. Quels ennemis, demanda Eve avec émotion ? N'as-tu pas remarqué, lui dis-je, que la malédiction a frappé tout ce qui est créé, que les liens d'amitié sont rompus entre les Etres vivans, & que le plus foible est la proie du plus fort ? Là-bas dans la campagne, j'ai vu un jeune lion poursuivre avec un rugissement funeste un chevreuil effaré ; j'ai vu la guerre parmi les oiseaux de l'air. Nous ne sommes plus des maîtres en droit de commander aux animaux, a moins que ce ne soit à ceux dont les forces ne répondent pas aux nôtres. Ceux qui auparavant jouoient autour de nous d'un air caressant & soumis, le tigre tacheté, & le lion à longue crinière, poussent contre nous d'effrayans rugissemens, ont dans les yeux un feu menaçant. Il est vrai que nous gagnerons les plus traitables par la douceur ; que nous nous garantirons des

plus

plus féroces par notre art & par notre adresse. Je vais toujours entrelacer des broussailles devant l'entrée de la grotte & je me mis aussi-tôt à l'œuvre. Eve cependant timide & sans me perdre de vue, alla cueillir des fleurs & des feuilles, pour nous en former un lit, & mit à contribution pour notre table les arbres & les arbrisseaux d'alentour. Sa provision faite, elle revint avec hâte, & la posa devant moi sur l'herbe tendre.

Alors nous nous assîmes dans la grotte sur des sieges tapissés de fleurs, & nous commencions notre repas frugal, l'assaisonnant d'entretiens gracieux, lorsqu'un sombre nuage vint tout-à-coup obscurcir le soleil couchant, & gagna jusques sur nos têtes. Le sombre voile dont il couvrit la terre sembloit être pour ses habitans & pour toute la nature un présage de destruction. Un vent orageux qui s'éleva ensuite, mugit à travers les montagnes, & bouleversa toutes les forêts; des flammes sortirent du sein des nuages, & les éclats du tonnerre vinrent augmenter l'horreur & l'effroi. Eve épouvantée se lança dans mes bras & se tenoit serrée contre ma poitrine, respirant à peine. Il vient, dit-elle, il vient, le juge : qu'il est terrible ! il vient nous apporter la mort ; à nous & à toute la nature, à cause de ma prévarication. O Adam, Adam !.... à ces mots elle resta tremblante & sans voix, toujours appuyée sur moi. Rassure-toi lui dis-je, ma bien-aimée ! mettons-nous à genoux devant la grotte, & adorons ce Dieu terrible porté sur les nuages, & précédé d'éclairs & de foudres. O toi, grand Dieu, qui tempérois avec tant de bonté l'éclat de ta divinité pour te communiquer à moi dès que je pus ouvrir le yeux, au sortir de tes mains créatives, que tu es terrible quand tu marche pour venir juger ta créature ! & sur le champ nous nous prosternâmes devant la grotte, où le visage pâle & les mains tremblantes, nous adorâmes humblement, dans l'attente que le Souverain Juge, porté au-dessus de nos têtes, nous diroit par son tonnerre : Mourez, ingrats ; & que la terre qui vous a portés s'anéantisse devant ma fureur. Le ciel cependant se fondoit en eau ; mais il ne sortoit plus de flammes des nuées, & le tonnerre ne mugissoit plus que dans le lointain. Alors je levai ma tête en disant : Le Seigneur a passé près de nous, chère Eve ; il ne détruira pas la terre, & nous ne mourrons pas aujourd'hui : car que deviendroit sa promesse, s'il nous détruisoit, & dans notre personne, nos descendans ? La sagesse éternelle ne se répent pas des promesses qu'elle a faites. Nous nous rassurâmes, les nuages se dissipèrent, & le soleil couchant répandit un éclat admirable sur les nuages ; tel que celui qui brilloit lorsque des légions d'Anges étoient portés sur des nuages légers au-dessus d'Eden, & que leur trace répandant sur leur route un long sillon de lumiere, rendoit les nuages étincellans comme la flamme. Les campagnes humectées reposoient en silence, les couleurs renaissoient plus vives; & le soleil couchant lançant sur nous ses derniers rayons, nous célébrâmes avec un saint étonnement cette scène touchante. C'est ainsi que le premier orage passa par-dessus nos têtes. Bien-tôt la lumiere rougeâtre du soir fit place au sombre crépuscule, & les nuées ne furent plus éclairées que par les foibles rayons de la lune. Alors nous sentîmes pour la premiere fois sur nos membres frappés, l'effet des fraîcheurs de la nuit; comme nous venions de sentir quelques heures auparavant l'ardeur brûlante du soleil à son midi. Nous nous envelopâmes dans les peaux, dont notre Juge bienfaisant avoit daigné ceindre nos reins, avant que nous sortissions du Paradis, pour preuve qu'il n'avoit pas retiré de dessus nous sa main secourable. Nous nous étendîmes dans la grotte, sur un lit d'herbages & de fleurs, & nous attendîmes le sommeil dans un doux embrassement. Il vint, mais non pas aussi aisément, non pas avec cette douceur qu'il venoit quand nous étions encore innocens. Alors notre imagination ne se remplissoit que d'images riantes & agréables : mais depuis elle fut troublée par l'inquiétude, la crainte & les remords qui y mêloient des fantômes bizarres. La nuit étoit tranquille, notre sommeil l'étoit aussi : mais pourtant, quelle différence d'avec cette nuit délicieuse, où je te conduisis, ô Eve, pour la premiere fois dans le berceau nuptial. Les fleurs étoient encore plus odorantes que de coutumes ; jamais les accens de l'oiseau nocturne n'avoient retentit avec tant d'harmonie ; jamais la lune n'avoit brillé d'un éclat si pur. Mais pourquoi m'arrêter à des images qui réveillent ma douleur assoupie ? déja le soleil du matin élevoit à lui la rosée limpide, lorsque nos paupieres s'ouvrirent : déja les oiseaux célébroient par leurs chants le retour de la lumiere. Le nombre en étoit petit, car la terre n'avoit pas encore d'autres animaux, que ceux qui après la malédiction s'étoient enfuis du Paradis; le jardin du Seigneur ne devoit point voir régner la mort dans son enceinte. Nous allâmes devant la grotte, faire notre adoration, après quoi je dis à Eve: Allons plus loin; je vois en parcourant des yeux cette contrée immense, qu'il nous est libre de promener notre choix sur beaucoup d'autres habitations, dont les productions seront plus abondantes, & les beautés plus diversifiées. Vois-tu cette rivière serpenter à travers une verte prairie? La colline qui la borde présente de loin à la vue un jardin plein d'arbres, sur son dos couvert de verdure. Mon bien-aimé, dit Eve, en pressant ma main de la sienne, je te suivrai par-tout où tu me conduiras; & nous poursuivîmes notre chemin vers la colline. Nous en approchions lorsqu'Eve vit presque au-dessus de sa tête un oiseau foible, dont le plumage sembloit hérissé, voler avec peine en poussant des cris plaintifs, tournoyer quelques instans dans l'air, & s'abattre ensuite sans force parmi des broussailles. Elle approcha, & en vit un autre étendu sans mouvement sur l'herbe, que celui-ci sembloit pleurer. Eve l'examina long-tems courbée sur lui; puis le prenant, mais en vain, pour le tirer de ce qu'elle croyoit un sommeil: Il ne se réveille pas, dit-elle avec effroi, & elle le reposa sur l'herbe d'une main tremblante, il ne se réveillera même jamais. A ces mots elle fondit en larmes. Hélas! continua-t-elle, en apostrophant celui qui poussoit des cris lamentables, c'étoit peut-être là ta compagne. C'est moi, malheureuse, qui ai attiré la malédiction & la misere sur chaque créature, c'est moi qui te fais souffrir, innocente volatille! Ses pleurs redoublerent, & se tournant vers moi: Quel accident est-ce là, mo dit-elle ? quel engourdissement affeux ! Je ne lui vois plus de sentiment, ses membres roidis refusent leur service ! Parle, Adam, ne seroit-ce point la mort ? Ah, ce l'est, j'en frémis ; un frisson glacé me pénetre jusqu'aux os ! Ah ! si la mort dont nous sommes menacés est de même, ô qu'elle est terrible ! Si elle me séparoit donc aussi de toi, & que frappé toi-même... O.... Adam ! soutiens-moi, je n'en puis plus. Alors elle poussa de longs sanglots, courbée vers la terre, dans l'abattement de la plus profonde douleur. J'embrassai mon épouse éplorée, en lui disant : N'accrois pas, ô chere épouse, tes craintes & ta douleur ; mettons notre confiance dans celui qui gouverne toutes ses créatures avec une sagesse infinie ; songeons que quand il monte sur son tribunal formidable, que l'ombre du mystere environne, la miséricorde & l'amour sont toujours à ses côtés. Pourquoi, guidés par une imagination lugubre, aller chercher des malheurs dans l'avenir ? Notre raison ne verra donc que nos maux ? Est-il juste que nous détournions les yeux de dessus les monumens de sa sagesse & de sa bonté, au risque de nous plonger plus profondément dans la misere par notre aveuglement ? C'est cette sagesse & cette bonté qui ont réglé le sort qui nous est destiné. Ainsi, marchons en assurance sous sa direction, & respectons ses décrets sans les pénétrer.

Cependant nous continuâmes d'avancer vers la colline, & nous traversâmes les buissons féconds, qui couronnoient le pied du côteau. Sur le sommet, au milieu d'arbres fruitiers, s'élevoit un haut cédre, dont le feuillage épais entretenoit au loin la fraîcheur, augmentée par une source pure qui serpentoit à l'ombre parmi les fleurs. Ce lieu ouvroit aux regards une perspective immense, où l'œil se perdoit dans un air nébuleux. Voilà, dis-je alors, une ombre du Paradis, une habitation au moins commode. Pour le Paradis même, nous ne le trouverons nulle part. Recevez-nous sous votre ombrage, cédre majestueux ? & vous, arbres divers, je ne cueillerai pas vos fruits sans reconnoissance ; ils seront la récompense de ma culture & de mes travaux. O Dieu tout-puissant, daigne regarder favorablement notre demeure du haut de ton Ciel, prête une oreille bénigne aux supplications, aux louanges, aux actions de graces que nous ne cesserons jamais de diriger vers ton trône céléste à travers les sommets toufus de ces arbres. Car ce sera ici que nous prendrons notre nourriture à la sueur de notre corps ; ce sera sous ces ombrages, ô chère Eve, que tu enfanteras avec douleur, c'est ici que nos petits-fils doivent se répandre sur la terre, & c'est sous ces mêmes arbres que la mort qui s'approche, doit nous trouver un jour. O Seigneur, ô Seigneur mon Dieu, verse ta bénédiction sur la demeure profane du pécheur! & en même tems, Eve prioit aussi à mon côté, les yeux mouillés de larmes, & pieusement élevés vers le Ciel.

Alors je commençai à construire une cabane à l'ombre du cédre, je plantai un cercle de pieux dans la terre, dont je formai un mur en les entrelaçant de branchages déliés. Eve conduisoit la source à travers les fleurs, ou arrangeoit des arbrisseaux en espaliers, ou soutenoit avec des baguettes des fleurs panchées, ou cueilloit des fruits parvenus à leur maturité. Ce fut alors que nous commençâmes à manger notre nourriture à la sueur de notre visage. J'allois vers la riviere chercher des roseaux pour couvrir notre cabane, lorsque je vis cinq brebis, blanches comme de petites nuées du midi, & un jeune bélier qui paissoient au milieu sur la rive. Je m'approchai tout doucement pour voir s'ils ne s'enfuiroient pas comme le tigre & le lion, qui auparavant jouoient à mes pieds; mais ils ne s'enfuirent pas, & je les menai devant moi avec un roseau sur notre côteau pour les y faire paître. Eve occupée à construire un berceau du superflu des buissons, ne vit pas d'abord le petit troupeau : mais il se décela par des bêlemens. Alors elle tourna la tête, & laissa tomber de surprise les branchages. Son premier mouvement fut la crainte, elle s'arrêta ; mais bientôt elle s'écria avec joie ; Oh ! ils sont doux & caressans comme dans le Paradis ! soyez la bienvenue, ô aimable compagnie ! vous demeurerez avec nous ; oui je vous prie, demeurez-y. Nous avons pour vos besoins des prés fleuris, des plantes odorantes & une claire fontaine. Quel plaisir ce sera, que de vous voir bondir sur l'herbe autour de nous, tandis que nous soignerons nos arbres & nos arbustes ! Elle dit, & caressoit de la main leur épaisse toison.

Cependant la cabane fut construite, & nous prenions le frais à l'entrée, ensevelis dans une profonde rêverie, lorsqu'Eve rompit le silence par ces mots : que cette contrée est belle & diversifiée, qu'elle est fertile en productions de toutes especes ! Qui nous empêche de joindre les fruits d'alentour à ceux que porte déjà cette colline ? Alors notre demeure ressemblera au Paradis, comme le Paradis ressembloit au Ciel, à ce que nous ont dit les Anges qui nous honoroient de leurs visites ; c'en sera du moins une ombre. Ah ! que ce charmant séjour réunissoit de beautés diverses ! la nature y versoit richement ses plus douces influences, l'agréable & l'utile y étoient prodigués avec la même profusion. Les prés émaillés des plus belles couleurs donnoient d'abondans pâturages. De rians boccages présentoient à la vue l'assemblage aimable des fleurs & des fruits. Des cabinets de verdure, des allées cintrées, des bosquets touffus offroient des asyles délicieux. Tous les sens trouvoient des voluptés dans ce jardin enchanteur. Hélas! en comparaison d'un si beau sol, tout paroît n'être autour de nous que des landes arides : il semble que la terre maudite ne puisse plus rien produire, ou qu'appauvrie, elle n'accorde qu'à différens climats ses diverses productions. Ah! Adam, j'ai déja vu comme la mort & la corruption (car c'est sans doute la même chose) s'étendent sur toute la nature ; j'ai vu des fruits tombés, gâtés, des fleurs fanées sur leurs tiges ; j'ai vu des arbrisseaux morts, tristement dépouillés de feuilles & de fruits. D'autres plus jeunes, à la vérité, germoient à côté ; des fruits plus frais réparent ceux qui sont tombés ; & la semence que répandent les fleurs fanées, en fait naître de nouvelles. C'est ainsi, Adam, c'est ainsi qu'un jour nous nous fanerons nous-mêmes, & ferons place à nos enfans qui fleuriront à leur tour.

Elle se tut, & moi attendri jusqu'au fond de l'ame, je pris ainsi la parole :

Hélas ! chère Eve, notre plus grande perte n'est pas celle de ces richesses terrestres : on peut s'en passer. Ce qui m'afflige, ce qui me désespère, c'est d'être bannis de cette heureuse contrée, où il plaisoit à Dieu de se montrer visiblement ; où tempérant l'éclat de sa Divinité, il marchoit dans les boccages, quand un silence respectueux célébroit sa puissance. Hélas ! j'osois souvent alors lui parler, profondément prosterné, & le Tout-puissant daignoit écouter sa créature, & même lui répondre. Mais, hélas ! nous avons perdu cette prérogative des purs Esprits. L'intelligence la plus pure habitera-t-elle parmi les pécheurs ? Cet Etre suprême habitera-t-il une terre qui a mérité sa malédiction ? Il est vrai que du haut de son trône il jette sur nous un oeil de compassion, & que sa grace excède tous les souhaits que notre misère nous permettoit de former. Il vient même ici des Anges exécuter ses ordres, mais invisiblement & sans éclat; ils abandonnent soudain ce lieu de corruption, où ne peuvent séjourner que des Etres disgraciés du Souverain Maître.

C'est ainsi que nous nous entretenions, assis l'un près de l'autre; & ensevelis dans une profonde rêverie, nous regardions tristement la terre devant nous lorsqu'une nuée éclatante descendit sur la terre, & appuyant sa base sur la colline, s'ouvrit pous laisser sortir une figure radieuse. C'étoit un Ange. Nous volâmes au-devant, nous courbâmes respectueusement nos corps devant lui, & l'Esprit céleste nous parla ainsi. Celui qui a son Trône dans le Ciel, a entendu vos discours: » Va, dit-il, apprendre à ces » créatures affligées, que ma présence » n'est point bornée par l'enceinte des » Cieux; elle s'étend sur tout ce que » j'ai créé. Qu'est-ce qui fait que le soleil » continue de darder ses rayons; que » les étoiles ne s'arrêtent point dans leur-

» cours ; que la terre produit ses fruits
» à l'ordinaire, & que le jour & la nuit
» se succédent régulierement ? Qu'est-ce
» qui conserve les Etres, les fait vivre
» & respirer ? Ma présence. Qu'est-ce
» qui te préserve-toi-même de tomber en
» corruption ? c'est que je suis auprès de
» toi, où je démêle tes plus secrettes
» pensées. »

Comme la sphère lumineuse qui environnoit le Messager céleste, s'étendoit jusques sur moi, plein d'un saint saisissement, & levant vers lui mes yeux éblouis : Que les graces du Seigneur, lui dis-je, sont incompréhensibles ! Il jette des regards de pitié sur notre misère, & nous fait visiter par ses Anges. J'en suis, hélas ! tout confus, & n'ose qu'à peine t'envisager, ô Esprit lumineux : mais permets-moi de te dire mes sombres appréhensions. Je ne doute point de la présence de Dieu parmi ses créatures ; je le vois, je le sens perpétuellement, & je n'ai garde de prétendre que l'Etre le plus pur se communique plus intimement à une créature souillée de péché. Mais je crains que par la suite l'homme multiplié ne se dégrade encore ; que dégradé, sa misère n'empire, & qu'il n'en vienne à n'avoir plus de l'Etre suprême que des notions confuses & ténébreuses. Car puisque je suis tombé, mes enfans pourront tomber aussi, & tomber plus profondément. Il viendra un tems où je ne serai plus avec eux pour leur faire voir en ma personne des preuves sensibles de sa bienfaisance. Il est vrai que le moindre insecte pourra l'annoncer assez clairement ; mais la voix de la nature ne sera-t-elle pas alors trop foible pour eux, lorsque Dieu continuera de cacher sa face aux humains ? Ah ! cette pensée m'est un fardeau pesant comme une montagne.

Pere des hommes, me répondit gracieusement l'Esprit céleste ; celui en qui & par qui tout vit & respire, n'abandonnera pas ta postérité. Souvent à la vérité leurs péchés monteront jusqu'à lui, criant vengeance, lui feront saisir son tonnerre, & manifester ses jugemens. Les pécheurs alors se traîneront dans la poussiere, & diront : Le voilà, ce Dieu terrible. Mais plus souvent encore, il se manifestera par sa miséricorde. Quand ils se seront écartés de sa voie, il ira les appeller avec bonté, il suscitera des sages parmi eux qui éclaireront leur intelligence ; ils tourneront leurs regards vers le Seigneur, & reviendront des voies ingrates de l'extravagance & de la stupidité, dans les sentiers de la justice & de la droite raison. Des Prophetes autorisés par sa mission leur annonceront long-tems d'avance les jugemens & les graces du Très-haut, renfermés dans le trésor d'un avenir éloigné, afin qu'ils voient que c'est la sagesse éternelle qui gouverne les ressorts impénétrables du destin. Il leur parlera souvent par des Anges, souvent aussi par des prediges, & il y aura des Justes pour qui sa bonté infinie le fera descendre lui-même de son trône, jusqu'à ce qu'enfin le grand mystere du salut de l'homme se développe, & que la race de la femme écrase la tête du serpent.

L'Ange se tut : son souris gracieux m'enhardit à lui parler encore une fois ; ô ami céleste, lui dis-je, si tu permets à l'homme pécheur de te nommer ainsi ; (& tu le permets sans doute, car pourrois-tu haïr celui que l'Eternel ne hait pas, celui pour qui la clémence divine se manifeste avec tant d'éclat, que les Cieux en sont dans l'admiration, & que l'ame humiliée dans la poussiere, ne balbutie qu'imparfaitement sa reconnoissance faute de termes suffisans pour l'exprimer ?) Oserai-je te demander, Esprit lumineux, s'il ne t'est pas permis de tirer ces augustes Mysteres de la sainte obscurité qui les voile, de m'apprendre au moins ce que signifie cette grande promesse, que la race de la femme brisera la tête du serpent ; & quelle est la malédiction que Dieu a lancée contre l'homme quand il lui a dit : tu mourras. L'Ange répondit : je ne te cacherai rien de ce qu'il m'est permis de te dévoiler. Apprens donc, ô Adam, qu'à l'instant que tu eus péché, Dieu dit aux Esprits bienheureux : » Adam m'a désobéï, & il mourra «. Cependant tout-à-coup un nuage ténébreux environna le Trône de l'Eternel, & il se fit d'une extrémité du Ciel à l'autre un silence profond, qui remplit d'effroi toute la Cour céleste : mais ce silence ne dura que peu de tems. Le nuage ténébreux s'écarta comme un rideau de devant le Trône, jamais Dieu ne s'étoit manifesté aux Anges avec tant de magnificence, si ce n'est en cet instant mémorable, où sa voix créatrice appellant les astres du néant, leur dit : Soyez faits, & continua de parcourir en créant, toute l'immensité de l'espace. Tandis que tout étoit dans l'attente de ce qui alloit suivre, sa voix retentissante comme le tonnerre

fit entendre ces mots pleins de bonté : » Je
» ne détourne point mes regards de dessus
» le pécheur. La terre rendra témoignage
» de ma miséricorde infinie. La femme
» donnera naissance à un vengeur qui
» écrasera la tête du serpent. L'Enfer
» n'aura pas lieu de se réjouir de sa vic-
» toire, & la mort perdra sa proie.
» Cieux, célébrez ce jour! « Ainsi parla
l'Eternel ; l'éclat éblouissant de sa gloire
auroit terrassé les Archanges mêmes, si
quelque léger voile n'en eût tempéré sur
le champ la vivacité. Les Cieux célé-
brèrent tout ce jour-là le grand Mystère
de la bonté divine ; mais comment Dieu
pourra-t-il, sans blesser sa justice, faire
grace au pécheur ? Voilà ce qui est incom-
préhensible pour l'Archange même. Il
doit suffire que Dieu l'ait dit. Nous
savons, & il t'est permis de savoir que la
mort a perdu sa puissance, qu'elle ne fera
que dégager l'ame de ses liens. Le corps,
cette enveloppe de boue qui l'enferme,

retournera dans la poussiere dont il fut formé. L'ame épurée s'élévera au séjour céleste pour y être infiniment heureuse, comme nous le sommes. Ecoute, Adam, l'ordre de ton Dieu : » Je veux t'être » favorable à toi & à ta race ; je veux » qu'il y ait un signe contre moi & toi, » qui soit le sceau de cette grande pro» messe. Bâtis un Autel sur cette colline, » immole dessus un jeune agneau ; & de » ma part j'envoyerai un feu dévorant » qui consumera la victime. Tous les ans » tu renouvelleras le même sacrifice, & » tous les ans j'envoyerai la même flamme » pour le consumer. « Voilà, dit l'Ange, continuant de parler, voilà que je t'ai révélé tout ce qu'il plaît au Très-haut que la créature sache de ses décrets. Seulement, il m'a permis encore de vous montrer avant de vous quitter, que vous n'êtes pas si seuls qu'il vous semble sur ce globe, & que cette terre toute maudite qu'elle est, est encore habitée par de pure

Esprits, à qui l'Eternel a ordonné de veiller pour vous défendre & vous conserver. L'Ange à l'instant toucha nos paupières, & nos yeux dessillés virent des beautés que je n'entreprends pas de décrire : nulle expression ne peut rendre les traits majestueux que je vis. Toute la Contrée étoit peuplée d'enfans des Cieux plus beaux que n'étoit Eve, lorsque nouvellement créée, elle sortit des mains de l'Eternel, & qu'elle me réveilla d'une voix gracieuse en me tendant les bras avec tendresse. Quelques-uns recueilloient de légers brouillards de la tere, & les portoient en haut sur leurs ailes déployées pour en faire de douces rosées & des pluyes rafraîchissantes ; d'autres reposoient près des ruisseaux gasouillans, veillant à ce que la source ne tarît pas, de peur que les plantes ne fussent privées de leur humide nourriture. Plusieurs étoient dispersés dans la plaine ; là ils présidoient à la croissance des fruits, répandoient sur des fleurs naissantes

naissantes la couleur de feu, l'aurore ou l'azur, & leur insinuoient des parfums agréables en les fomentant de leur haleine ; plusieurs erroient diversement occupés dans l'ombre des boccages ; & de leurs ailles brillantes faisoient éclore à chaque pas de doux zéphirs, qui tantôt voltigoient en murmurant à travers les ombrages, tantôt planoient agréablement sur les fleurs, & s'alloient ensuite rafraîchir sur la surface frémissante des ruisseaux ou des lacs. D'autres Esprits se reposoient de leurs travaux, & assis à l'ombre, des harpes d'or à la main, chantoient en chœur en s'accompagnant, à la louange du Très-haut, des hymnes que l'oreille des morels ne sauroit entendre. Plusieurs se promenoient sur notre colline même & parmi nos berceaux, où par leurs doux regards ils sembloient compâtir à notre sort. Mais bientôt la taïe levée de dessus nos yeux se rabattit, & cette scène ravissante disparut.

Ce sont-là, nous dit l'Ange, les Esprits tutélaires de la terre; la nature fourmille de beautés trop sublimes pour être goûtées par le sens des mortels, le Créateur en a fait de diverses pour les différens ordres d'Etres pensans; & ces merveilles cachées à vos yeux, sont le ravissement & l'admiration des classes innombrables d'esprits. Cesmêmes enfans des Cieux que vous avez vus, ont aussi pour fonction d'aider la nature dans son attelier secret, à opérer les productions diverses que les ordres de Dieu exigent d'elle de toute éternité. Ils sont aussi chargés de veiller à la sûreté de l'homme, de diriger ses actions, & de détourner souvent de dessus lui des malheurs dont il est menacé sans le savoir; ils l'assistent dans toutes ses routes, si tortueuses qu'elles soient, & font que d'un mal apparent il résulte en sa faveur un bien réel; ils sont les paisibles témoins de tes plaisirs domestiques, & ils accompagnent tes actions les plus secrettes d'un fouris d'approbation, ou d'une marque de dédain. Ce sera d'eux que le Seigneur se servira, soit pour répandre l'abondance dans les pays qu'il aura bénis, soit pour porter la famine & la désolation chez les Nations qui se seront écartées de lui, lorsqu'il lui plaira de les rappeller par la voie des châtimens. L'Ange en finissant ce discours, qu'il avoit prononcé avec une douceur attendissante, rentra dans son nuage, & nous, pleins d'un ravissement inexprimable, nous nous prosternâmes en terre pour rendre à l'Eternel nos hommages & nos actions de graces.

Aussi-tôt après je bâtis l'Autel sur le sommet de la colline, & depuis Eve fit son occupation de construire à l'entour une espece de nouveau Paradis. Ce qu'elle trouvoit de fleurs dans la prairie & sur les côteaux, elle les venoit planter aux environs de l'Autel, & les arrosoit le matin & le soir avec l'eau claire de la source qui murmuroit tout près de là. O Esprits tutélaires qui m'environnez, dit-elle alors, achevez cet ouvrage de mes mains, car ſans votre ſecours mes ſoins ſont inutiles. Rendez ces fleurs plus brillantes encore qu'elles ne l'étoient ſur leur lieu natal, car cette enceinte eſt conſacrée au Seigneur. Et moi je plantois ce grand cercle d'arbres qui environne l'Autel d'un ſaint & paiſible ombrage.

Nous paſſâmes l'été dans ces ſortes d'occupations, brûlés par un ſoleil ardent; déja l'automne couronnée de fruits divers, tiroit à ſa fin; les aquilons rigoureux commençoient à ſouffler, & les montagnes ſe couvroient de frimats. Nous vîmes avec douleur la nature ainſi contriſtée: nous ignorions qu'il falloit que la terre débile, après s'être épuiſée par ſes bienſaits, réparât ſes forces par le repos de l'hyver; car avant la malédiction, on avoit en une même ſaiſon, le printems, l'été & l'automne; & ſans ces divers dénominations, c'étoit toujours une température agréable & riante. Cependant le deuil de la nature augmenta encore, les fleurs mouroient panchées sur leurs tiges, ou si quelques-unes survivoient de place en place aux environs de l'Autel, elles sembloient à leur air flétri s'affliger de leur destruction prochaine; les arbres se dépouilloient de leurs fruits les plus tardifs, & finissoient par perdre leurs feuilles. Bientôt la fureur des aquilons augmenta: ils soufflèrent des orages, des torrens de pluyes, & la neige couvrit les plus hautes montagnes. Nous contemplions cette désolation générale avec une frayeur inquiéte. Si par hasard, disions-nous, ce ne sont-là que les premiers effets de la malédiction prononcée contre la terre, la nature va donc perdre le peu d'avantage que sa dégradation lui a laissé encore. Elle en avoit peu, en comparaison du Paradis: cependant il lui en restoit assez pour répandre sur nos jours des douceurs & des commodités. Mais si la malédiction doit s'apésantir de plus en plus sur la terre, qu'un jour notre sort sera triste & malheureux! Au milieu de ces pensée nous nous exhortions réciproquement à bannir de nos cœurs toute idée de mécontentement, & à mettre notre espérance dans le Seigneur avec une respectueuse adoration. Cependant nous fimes des provisions de fruits, nous séchâmes au feu ce que la corruption & la pourriture nous auroient enlevé, & moi je garnis la caverne en dehors pour qu'elle nous mît à l'abri des frimats & des pluyes. Pendant ce tems, le petit troupeau erroit languissamment sur la colline, broutant quelques brins d'herbes repoussés; & moi pour le préserver d'une disette totale, j'allois sur les prés & sur les côteaux faire sa provision de fourage, que je serrois soigneusement. Les jours s'écouloient tristement & lentement parmi les ouragans & les pluyes: mais à la fin le soleil vivifiant se remontra, & ramena la sérénité sur l'horison; des vents plus doux chassèrent au haut des montagnes les brouillards humides, la nature rajeunie sembloit sourire, une douce verdure revêtit la terre, un mêlange varié de fleurs diverses embellissoit les prairies, & disputoit d'éclat avec le soleil; les arbres & les arbrisseaux se paroient de feuilles nouvelles; toute la nature ranimée étoit dans la joie. Ainsi reparut sur la terre, couronné de fleurs & de feuillages, l'aimable printems, ce gracieux matin de l'année. Rien n'égaloit sur-tout la belle enceinte d'arbres dont j'avois environné l'Autel. Eve y voyoit avec un ravissement inexprimable renaître les fleurs qu'elle y avoit aportées des environs. J'essayerois en vain, mes enfans, de vous dépeindre nos transports : qu'ils étoient vifs! Ils nous conduisirent au pied de l'Autel, le soleil éclairoit le saint lieu de l'éclat le plus pur; là chaque créature paroissoit consacrer ses louanges au Seigneur; les fleurs d'alentour remplissoient l'air des odeurs les plus suaves, & les arbres étendoient l'ombrage de leurs branches fleuries jusques sur l'Autel, les insectes ailés qui se logent sous l'herbe, exprimoient leur joie par de doux sifflement, & les oiseaux chantoient sans cesse du haut des arbres. Nous nous jettâmes à genoux, des larmes de joie échapées de nos yeux, se confondirent sur le gazon qu'elles mouillèrent avec la rosée du matin, & notre ardente priere s'éleva vers le Maître de la nature, vers ce Dieu de graces & de bonté, qui fait tourner à notre avantage les effets même de sa juste vengeance.

Je commençai alors à cultiver un petit champ sur la colline, & à répandre dans la terre féconde des graines conservées de l'automne précédente. J'enrichis même la colline de quelques nouveaux légumes ramassés au loin dans la contrée. Souvent la nature, le hasard, ou la réflexion me firent découvrir des expédiens propres à faciliter mon travail. Mais souvent aussi j'ai fait des méprises faute de connoître les tems & les lieux propres à la culture ; souvent aussi mon imagination est restée en défaut, lorsque j'attendois de sa perspicacité l'art de simplifier mes opérations. Elle ne m'eût été même jamais d'aucune ressource, si les Anges tutélaires ne l'eussent éclairée.

Un jour, de grand matin, comme je jettois la vue sur l'Autel que j'avois construit, je vis la flamme du Seigneur qui brûloit dessus, à l'heure du crépuscule, & le soleil levant doroit la colonne de fumée qui s'élevoit dans les airs. Eve, m'écriai-je, voici l'accomplissement de la promesse; voici la flamme du Seigneur descendue sur notre Autel, allons-y sur le champ, ce jour est consacré au Seigneur; que tout autre travail cesse maintenant ; vas cueillir les plus belles fleurs pour les répandre sur la Sacrifice, & moi je vais égorger le plus jeune de nos agneaux. Je sortis en effet, & j'égorgai le plus beau des agneaux, la premiere créature vivante que j'ai mise à mort. O mes enfans, qu'il m'en couta pour le faire! Un frémissement me saisit, les mains me tomboient sans force, & je n'aurois jamais pu m'y résoudre si l'ordre exprès du Seigneur n'eut soutenu mon courage. Je souffre encore par l'idée seule de l'innocent animal cherchant à s'échapper, se débattant sous le couteau, luttant pour sa vie, & annonçant les derniers instans de son existence, par des mouvemens qui me glacèrent d'horreur, jusqu'à ce qu'enfin il restat immobile & sans vie. A cette vue, d'affreux pressentimens s'emparèrent de mon ame : mais sans m'y arrêter alors, j'étendis la victime sur l'Autel, Eve répandit dessus des fleurs odorantes, & nous nous prosternâmes devant l'Autel avec crainte & respect, nos louanges & nos actions de graces montèrent vers le Seigneur qui vérifioit si solemnellement ses saintes promesses; un profond silence régnoit autour de nous, comme quand la terre célebre la présence de Dieu;

& dans ce calme parfait, il nous sembloit entendre des Hymnes immortelles, que les Anges dispersés autour de nous, mêloient à nos prieres. Bientôt la flamme consuma la victime, ensuite elle s'éteignit sur l'Autel, & un parfum céleste remplit la contrée.

Peu de tems après le jour solemnel de la réconciliation, j'allois, mes enfans, sur le déclin du soleil, me reposer de mon travail à côté de ma bien-aimée : je monte la colline, & l'ayant cherchée vainement dans la cabane & dans l'ombre des berceaux, je la trouvai sans force assise près de la fontaine, & toi, mon premier né, couché sur son sein. Tandis qu'elle vaquoit à ses travaux ordinaires, les douleurs de l'enfantement l'avoient surprise près de la fontaine ; elle versa des larmes de joie sur toi, ensuite elle leva les yeux vers moi en souriant. Je te salue, dit-elle, pere des hommes, le Seigneur m'a assistée dans mes douleurs, & j'ai enfanté ce fils. Je lui ai donné le nom de Caïn, en le mettant au monde. O toi, cher premier né, dit-elle alors, le Seigneur a regardé favorablement ici-bas l'heure de ta naissance, que tous tes jours soient consacrés à ses louanges. Ah! que celui qui naît de la femme est foible & incapable de s'aider soi-même! Mais éleve-toi comme une fleur s'éleve dans le printems, que ta vie soit un doux parfum devant le Seigneur. Alors je te pris, ô mon premier né, dans mes bras: Je te salue, dis-je à Eve, avec des larmes de joie; je te salue, mere des hommes, que le Seigneur qui t'a assistée dans tes douleurs, soit loué. Je te salue, ô Caïn, le premier des humains qui coûtes des douleurs à ta mere; qui le premier entre dans la vie pour aller au-devant de la mort. O Dieu, continuai-je, regarde favorablement du haut du ciel ta foible créature, & verse ta douce bénédiction sur l'aurore de sa vie. Qu'il me sera doux d'instruire sa jeune ame des merveilles de ta grace! soir & matin je veux accoutumer ses jeunes lévres à tes louanges. O mere des humains, des races sans nombres fleuriront autour de toi. Ce myrte étoit comme toi solitaire, jusqu'à ce que de tendres rejettons soient sortis de la tige maternelle; & à chaque fois que le printems les a ornés d'une nouvelle parure, ses premiers rejettons en ont produit d'autres; à present ce myrte unique forme un petit boccage aromatique qui s'étend fort loin. De même, chère épouse (puisse cette perspective adoucir l'amertume de ta douleur présente) de même nos enfans se multiplieront autour de cette colline. Nous verrons de son sommet leur paisibles cabanes garnir la plaine. Nous les verrons eux-mêmes, si la mort tarde assez pour nous le permettre, nous les verrons comme les abeilles diligentes, se prêter un secours mutuel, amasser autour d'eux les vivres, les commodités, & même les douceurs de la vie. Souvent nous descendrons de cette hauteur pour visiter nos petits-fils; & sous leurs ombrages fertiles, nous leur raconterons les merveilles du Seigneur, nous les exhorterons à la vertu & à la piété. Quand ils goûteront de la joie, nous la partagerons avec eux, & nous les consolerons dans la tristesse. Du haut du côteau nous verrons alors mille autels domestiques fumer à l'entour, & la fumée des holocaustes environnera notre demeure de saints nuages, à travers lesquels perceront nos prieres ferventes pour la race humaine; & quand le jour solemnel de la réconciliation sera revenu; quand la flamme du ciel sera descendue sur le premier & le plus saint des Autels, alors ils s'assembleront sur la colline, & nous avancerons au milieu d'eux pour sacrifier, tandis qu'ils seront prosternés autour de nous dans un vaste cercle. C'est ainsi, Caïn, que je m'écriai dans un doux transport; & je baisai tes joues avec la joie la plus tendre. Ensuite ta mère te reprit dans ses foibles bras; & l'ayant aidée à se relever, je la conduisis dans notre demeure. Bientôt sa force & la vivacité animèrent tes petits membres, les ris & la gaieté pétilloient dans tes yeux & sur tes joues. Déja tu étois en état de sauter parmi les fleurs avec tes pieds délicats, déja tes petites lévres commençoient à balbutier de jeunes pensées, lorsqu'Eve mit au monde Mehala, qui depuis, mon fils, est devenue ton épouse. Plein de joie tu sautas autour de la nouvelle née, tu la baisas & tu la couvris de fleurs nouvellement cueillies. Eve ensuite t'enfanta, ô Abel, & ne tarda pas après à te mettre au monde une compagne. O quelle joie ravissante nous transporta! lorsque nous vîmes vos jeux enfantins, vos plaisirs innocens, & comme vos jeunes ames qui se développoient, essayoient leurs forces & parvenoient peu à peu à leur maturité. Alors nos soins attentifs s'employoient à cultiver vos penchans de maniere que tournés tous au bien ils répandissent une agréable odeur de vertu, ainsi que de plusieurs fleurs diverses combinées avec art se forme un bouquet odoriférant; car lorsque vous jouïez encore d'un air enfantin sur mes genoux, je voyois déja que l'homme né dans le péché, avoit autant besoin d'être cultivé que la terre maudite à cause du péché; ce n'est que par les soins vigilans qu'on peut faire germer les talens & les nobles inclinations. Mais j'ai enfin le bonheur de vous voir parvenus au terme de votre croissance; ainsi que de jeunes arbrisseaux se transforment avec le tems en grands arbres. Loué soit le Seigneur qui a signalé sur nous tous si merveilleusement sa misericorde & sa bonté. Par amour, par respect, par reconnaissance, soyez-lui fidèles en tout tems; & la grace & la bénédiction du ciel habiteront toujours dans vos demeures.

Adam finit là son récit. Ainsi qu'un jeune époux à côté de sa bien-aimée écoute au lever de l'aurore le doux chant du rossignol : tout se taît à l'entour ; les tendres accens, qui semblent être l'écho de leurs propos amoureux, les pénetre jusqu'au fond de l'ame : mais le chant venant à cesser, ils écoutent encore long-tems vers les branches où l'oiseau chantoit : ainsi lors même qu'Adam eut cessé de parler, ses enfans lui prêtoient encore une oreille avide. Les différentes scènes de son récit les avoient émus diversement, & leur avoient arraché, tantôt des larmes, tantôt des signes de joie ; ils rendirent tous graces au pere des hommes, Caïn lui rendit graces comme les autres, mais plus ferme, seul il n'avoit ni pleuré ni souri.

LA MORT D'ABEL.

CHANT TROISIEME.

Tous alors sortirent du berceau ; Abel embrassa tendrement son frere ; la lune éclairoit leurs pas ; & chaque couple prit le chemin de sa cabane. Abel embrassa sa bien-aimée, en disant : Quelle joie se répand dans mon ame ! Mon frere... Ah ! mon frere n'est plus courroucé contre moi, il veut m'aimer. Ah ! que les larmes qui ont mouillé aujourd'hui ses joues m'ont ravi ? Non, la rosée n'est pas plus agréable après les chaleurs brûlantes d'un soleil ardent. La tempête furieuse de son ame s'est calmée, le repos & la joie sont revenus habiter parmi nous. O toi qui as veillé avec une bonté infinie sur nos deux parens, lorsqu'ils ont commencé à habiter seuls la grande terre, ah! défends au tumulte de rentrer jamais dans son ame pour la troubler.

Thirza embrassa son époux, & versa des larmes de joie, en disant: Ah! une douce pluye ne rafraîchit pas tant lès prairies altérées; le retour du printems après les tristes frimats de l'hyver, n'a pas causé tant de joie aux Auteurs de nos jours, que m'en ont causé les larmes de mon frere, le retour de son amour. Heureux instant! la fraîcheur & la sérénité ont rajeuni les traits de nos parens; la félicité, les délices ont inondé leur ame. Heure fortunée! la nature m'en semble plus belle; & toi, lune tranquille, ton flambeau m'en paroît plus brillant! C'est ainsi que l joie s'exhaloit de leurs lévres.

Caïn prit aussi le chemin de sa cabane, accompagné de Mehala, son épouse ; elle le regarda tendrement, & pressa ses mains de ses lévres, en lui disant : mon bien-aimé ! quel sérieux glace tes regards ? le calme de retour dans ton cœur, n'est-il pas capable de répandre de la sérénité dans tes yeux, & de dérider ton front ? Je sais que ta gravité naturelle a toujours modéré en toi le sentiment du plaisir, ou l'a concentré dans ton cœur. Cependant, cher époux, quel contentement, quels transports animoient tes yeux, & se peignoient sur ton visage, lorsque tu embrassois ton frere fraternellement ! Alors l'Eternel du haut de son trône t'a béni, & les Anges qui nous environnent, ont versé sur nous des pleurs de joie. Daigne le permettre, mon bien-aimé, daigne le permettre à mon tendre amour, à mon ravissement ; laisse-moi te presser contre mon sein. Elle dit, & le pressa tendrement contre son sein.

Caïn ne résista pas aux tendres empressemens de son épouse ; mais il lui dit : Votre joie excessive m'offense, oui, elle m'offense ; ne semble-t-il pas que vos transports veuillent dire : Caïn s'est corrigé : auparavant c'étoit un homme vicieux, méchant, qui haïssoit son frère ? Eh non, je n'étois ni vicieux, ni méchant. Quelle étrange idée ! Quoi ! je haïssois donc mon frere parce que je ne le persécutois pas toujours d'embrassemens & de larmes ? Je n'ai jamais haï mon frere, non jamais : j'ai seulement vu avec peine ces caresses molles & efféminées, par lesquelles il m'enlevoit l'affection d'Eve & d'Adam .... & le moyen d'être insensible à cela ? .... Mais au surplus, Mehala, ce n'est pas sans cause que la gravité ride mon front. Quelle imprudence à notre père de nous raconter l'histoire honteuse de sa chûte, & tous les désastres dont elle est cause ! Qu'avons-nous besoin de savoir & d'entendre répéter si souvent, que c'est par sa faute & celle d'Eve, que nous avons perdu un Paradis de délices ; que c'est par leur fait que nous sommes malheureux? Si nous l'ignorions, notre misere en seroit plus supportable, & nous aurions moins à déplorer la privation d'un bonheur dont il ne nous resteroit pas d'idée. Mehala étouffa dans son cœur ses remontrances & ses plaintes, & regardant son époux, pour lire dans ses yeux si elle pouvoit hazarder de lui répondre, elle lui dit avec tendresse : Laisse-moi, je te conjure, mon bien-aimé, je ne saurois retenir ces larmes qui m'échappent, laisse-moi t'implorer pour toi-même ! Tiens toujours éloignés de toi ces sombres nuages de mélancolie que tu as eu la force de dissiper ! Rends la sérénité à ton ame, & ne vois pas toujours de la misere & de la calamité, où tu ne devrois voir que la miséricorde & la grace divine. Ne fais pas un reproche à ce pere qui nous aime, à cette tendre mere, de nous raconter les merveilles que Dieu a faites en faveur de l'homme déchu ; ils veulent exciter dans nos ames une vive reconnoissance & une ferme confiance. Ils sont si sensibles sur tout ce qui peut nous être un sujet de peine ou de souffrance, qu'il y auroit de la barbarie à leur reprocher notre misere. Surmonte, mon bien-aimé, surmonte le chagrin qui veut s'introduire de nouveau dans ton cœur, & obscurcir tes jours & les miens d'une sombre tristesse. Elle se tut & le regarda tendrement, les yeux mouillés de larmes : alors un souris affectueux tempéra son sérieux ; je le surmonterai, dit-il, le chagrin qui veut prendre de l'empire sur moi ; embrasse-moi, ma bien-aimée, je ne veux plus qu'il obscurcisse tes jours ni les miens. Il dit, & l'embrassa.

Déjà depuis longtems un génie, que l'enfer appelloit *Anamalech*, observoit ses démarches & ses discours. Cet Anamalech n'étoit à la vérité qu'un démon subalterne ; mais en orgueil & en ambition il ne le cédoit pas à Satan. Souvent dans l'enfer il s'étoit dérobé à ses compagnons, qu'il méprisoit pour rester dans la solitude. Là, parmi les ruisseaux infects de souffre qui traversoient ce terrein brûlé, & des rochers énormes qui cachoient leurs noirs sommets dans la nue orageuse, il frémissoit de son indigne repos. L'affreuse réverbération des flammes réfléchies de dessus les montagnes contre les nues, jettoit une lueur obscure sur le sentier où se portoient ses pas errans. Dans le tems que l'enfer avec un bruit tumulteux, célébroit le triomphe & les louanges de son Roi, qui revenu du globe terrestre, racontoit orgueilleusement du haut de son trône, comment il avoit séduit les premiers humains, & forcé le Maître du Ciel à lancer contr'eux des arrêts de mort & de malédiction : alors le noir venin de l'envie s'enfla dans le sein d'Anamalech. La gloire & les honneurs, dit-il en lui-même, ne sont donc faits que pour lui, & pour

pour ceux qui entourent fastueusement son trône? Et moi, je rôderai obscur dans les recoins ténébreux des enfers, parmi la vile populace des démons! Non, je me sens capable d'actions dont l'enfer même sera étonné, & alors... je veux que Satan, oui Satan lui-même, ne prononce mon nom qu'avec respect! Occupé de ces projets, il tramoit sourdement dans la solitude la désolation du genre humain, & rouloit dans son noir cerveau divers plans de ruine & de destruction. Ses odieux desseins ne réussirent que trop; il ne parvint que trop à rendre son nom imposant aux puissances même infernales. Ce fut lui qui, dans la suite des tems, engagea un Roi pervers à massacrer des milliers d'enfans dans Bethléem; il vit avec un souris amer des hommes cruels, des démons déployer une rage féroce contre ces innocentes créatures, les briser contre les murailles, qui en restoient teintes, ou le glaive tranchant dans les mains,

F

les égorger ou les démembrer dans les bras même de leurs meres désespérées. L'infâme Annamalech planoit alors en souriant sur les toits de la Ville infortunée. Les cris de ces tendres victimes étoient à ses oreilles une mélodie agréable. Il se repaissoit avec une joie infernale des plaintes lugubres des meres inconsolables; il se plaisoit à voir des cadavres enfantins tronqués, ouverts & défigurés par de larges blessures, rouler sous les pieds chancelans de leurs meurtriers, & leurs peres & meres se traînant à terre, pousser des sanglots plaintifs parmi le sang innocent.

Je veux monter, dit-il, je veux monter sur la terre, je veux voir ce que c'est que cette menace faite à l'homme, *tu mourras* ! J'en accélérerai l'effet, je tuerai; puis il passa la porte de l'enfer, & suivit le sentier que Satan avoit tracé à travers l'ancienne nuit, & l'empire tumultueux du cahos. Ainsi un brigantin bien équippé, vogue à pleines voiles sur la mer immense ; il aborde les côtes de l'Hespérie ; il y surprend les tranquilles habitans de quelque Bourg, dont il enleve la vive jeunesse ; alors les peres & meres, les freres & les sœurs, l'épouse inconsolable, se lamentent sur le rivage, en poursuivant des yeux les ravisseurs qui s'éloignent. Le génie infernal vole long-tems avec rapidité dans l'empire lugubre de la nuit, jusqu'à ce qu'enfin il apperçoit dans le lointain une lueur foible de crépuscule vers les frontieres de l'Univers créé. Comme un malfaiteur, qui médite quelque meurtre nocturne, marche pendant l'obscurité vers quelque Cité royale, qu'il voit de loin éclairée de lumieres innombrables, il s'y glisse avec crainte & évite la clarté ; l'esprit impur étoit saisi d'une crainte pareille en traversant les spheres immenses qui servent d'avenue au globe de la terre. Arrivé sur ce globe il ne fut pas long-tems à y trouver la demeure des hommes; son regard perçant la lui découvrit aisément; ensuite il s'y abbatit du haut des airs, parmi des boccages ombragés. Voici donc, dit-il, en y abordant, cette terre qui a été maudite! J'ai vu, en planant, le Paradis gardé par l'épée flamboyante; c'est un beau séjour, il ressemble aux campagnes du Ciel; ils l'ont perdu. Mais cette terre qui leur reste n'est pas un enfer. Peut-être par des supplications basses & plaintives ont-ils adouci la colere de leur Dieu, peut-être leur corps plus grossier est-il exposé à des tourmens & à des douleurs qui ne sauroient agir sur des esprits plus purs & sur des substances éthérées; car ici je pourrois être heureux si l'enfer ne me suivoit pas en tout lieu. Mais je vois des Anges répandus ici de place en place: tâchons d'échapper à leur attention, de peur qu'ils ne traversent mes entreprises. Voici là-bas sur la colline cette famille de pécheurs; mais ils ne me paroissent pas être malheureux; c'est peut-être que les maux ne doivent commencer qu'avec la mort;... assurons-nous-en par un exemple: peut-être pourra-t-on les engager eux-mêmes à des forfaits;... car, à ce qu'il paroît, leur cœur est ouvert à la séduction. Satan a bien réussi auprès du chef de cette famille par un artifice assez commun, lorsqu'ils étoient encore parfaits: à présent qu'ils ne le sont plus, & que la malédiction céleste les a dégradés, combien sera-t-il plus aisé de renverser leurs principes moraux? Oui, je le prévois, nous les engagerons à des actions si noires, que les Anges, saisis d'horreur, seront contraints de quitter la terre, & que celui qui les créa, les exterminera de son foudre, ou les précipitera dans l'abîme. Alors de nos rives affreuses, goûtant la seule joie qui puisse nous toucher, nous les verrons avec transport tomber & rouler dans les vagues enflammées de l'enfer, ces dignes habitans de la terre. J'en vois là un dans la campagne, qui porte un front farouche & ridé : si j'en crois les traits de son visage, j'opérerai par lui de grandes choses. Je vais le trouver, & sonder ses pensées & ses inclinations. Il dit, & s'étant adroitement caché, il rôdoit parmi les hommes, ne songeant qu'au meurtre & à la séduction.

Cependant il venoit de passer à côté de Caïn & de sa compagne, & il avoit entendu ce qu'ils se disoient. A peine furent-ils retirés dans leur cabane, qu'il s'arrêta & redit après eux, avec un souris moqueur : Tiens toujours éloignés de toi ces sombres nuages de mélancolie que tu as eu la force de dissiper! surmontes le chagrin qui veut rentrer dans ton ame.... & quittant l'ironie pour laisser parler la rage : Non dit-il, non le bien ne germera jamais sur ton terrein ingrat, je saurai l'y détruire ; & ces nuages de la mélancolie, qu'on a cru si bien dissipés, je les rassemblerai au-dessus de ta tête, aussi épais &

aussi sombres que ceux qui environnent de ténébres éternelles les sommets des montagnes infernales. Quoi de plus facile! toi-même tu travailles à les amasser, je n'ai qu'à t'aider. Qu'il me sera doux de te seconder! Oui, laisse-moi faire, je veux les accumuler sur ton front, afin que la désolation & la misere, maux encore inconnus parmi les mortels, commencent à s'y répandre; & qu'alors vos jours soient couverts d'une obscurité encore plus noire que celle qui obséde perpétuellement l'enfer.

L'aimable aurore commençoit à dorer l'horison, & inspiroit les chants & la gaieté: Caïn prit ses instrumens, pour s'en retourner aux champs. Déja Abel l'avoit salué tendrement, & vouloit conduire ses troupeaux sur les pâturages couverts de rosée; Mehala & Thirza se tenant par la main, alloient s'avancer vers le jardin au milieu duquel étoit placé l'Autel, lorsqu'Eve sortit de sa cabane avec des gestes de désolation. Inquiétes & saisies toutes d'eux, elles s'aprochèrent, & lui dirent avec émotion : Ah, ma mere !... vous pleurez, & pourquoi pleurez-vous ? Eve redouble d'abord ses pleurs ; puis tâchant de suspendre sa douleur, elle les regarda tendrement, & leur dit ces paroles entrecoupées de sanglots : Hélas ! mes enfans ; n'avez-vous pas entendu les tristes gémissemens qui venoient de notre cabane ? Des souffrances aigues ont surpris cette nuit votre pere. Le voilà actuellement qui lutte contre un mal dont il est pénétré jusqu'aux os : il s'efforce de le dissimuler, il voudroit retenir tous les soupirs qui s'échappent de son cœur : il voudroit étouffer ses plaintes, & me consoler. Ah ! mes enfans, de tristes frayeurs se sont emparées de mon ame, & mon cœur déchiré se refuse à toute consolation. Lors même qu'il repose le plus tranquillement, il paroît abimé dans les réflexions ; un instant après il gémit avec anxiété, une ſueur froide baigne alors ſon front, & les larmes retenues s'échappent comme un torrent de ſes yeux. O preſſentiment affreux ! tu es appéſanti ſur mon ame comme une montagne énorme. O mes enfans, ſoutenez-moi, mon malheur m'accable, retournons dans la cabane. Elle s'appuyoit, en pleurant, ſur l'épaule de Mehala, & ſuivie du triſte cortége de ſes enfans éplorés, elle s'en retourna vers la cabane.

Tous environnèrent triſtement le lit du père, il repoſoit plus tranquillement, ſon viſage & ſes geſtes annonçoient que ſon ame, malgré les aſſauts de la ſouffrance & des douleurs, étoit toujours reſtée la maîtreſſe ; & accompagnant d'un doux ſouris, un regard tendre qu'il jetta ſur ſes enfans affligés : O mes bien-aimés, leur dit-il, la main du Seigneur à répandu de la douleur ſur ma pouſſiere, mes entrailles en ſont déchirées. Louanges ſoient à l'Eternel qui régle tout ſagement. Peut-être ordonne-t-il que ces douleurs servent à détacher les liens qui attachent mon ame à mon corps. S'il doit retourner à la terre d'où il est sorti, je m'y soumets, j'attendrai, en l'adorant, l'heure fatal, & je louerai le Seigneur de la vie & de la mort, jusqu'à ce que ma poussiere disparoisse; alors l'ame délivrée du corps que la malédiction accable, en louera plus dignement le Seigneur. Oui, mon Dieu, tu as conservé à l'ame cette noblesse de sentiment. Il est bien juste que je sois le premier qui rende sa poussiere à la terre: mais, ô Dieu consolateur, daigne me soutenir de ton assistance, & fais-moi endurer les maux présens par la ferme espérance d'un avenir plus heureux. Mais sur-tout ne m'abandonne pas lorsque l'heure fatal de la mort s'avancera sur ma tête, & que le dernier frémissement se fera sentir dans mes os! Vous, Eve, que j'aime comme moi-même; & vous, mes chers enfans, n'ajoutez pas à ma douleur, par vos plaintes & vos lamentations. Hélas! comme vous voilà ensévelis dans une tristesse sombre & profonde ! Mes bien-aimées..... cessez ces plaintes & ces lamentations qui me font souffrir. Peut-être mes maux ne sont-ils que les avant-coureurs de la mort qui s'approche de moi lentement : peut-être aussi le Seigneur les retirera-t-il de dessus moi. Mais quoiqu'il en soit, préparez vos ames à tout, & accoutumez-vous d'avance à une résignation soumise & ferme pour le moment où il plaira à Dieu de me dépouiller du limon qui entoure mon ame, & de m'enlever du milieu de vous. Là les sanglots interrompirent son discours : il se tut, regarda fixement & dans un profond silence chaçun des assistans ; mais il arrêta sur-tout ses regards sur Eve, dont la vue redoubla sa tristesse, puis reprenant son discours : Hélas ! dit-il, sans doute que la mort du premier qui l'éprouvera, sera quelque chose d'affreux pour ceux qui en seront les témoins : mais elle sera plus affreuse encore pour qui en sera la victime. Veuille ce Dieu secourable, qui ne nous a jamais abandonnés dans nos afflictions, me secourir à cette heure terrible. Il le fera, ses bontés passées nous en sont des gages. Pour vous, mes enfans, ajouta-t-il en finissant, sortez, laissez-moi recueillir mon ame dans le Seigneur, priez-le pour moi avec ferveur ; cette crise effrayante va peut-être finir par un doux sommeil, qui rendra la vigueur à mes membres fatigués.

Là le pere des hommes se tut, & ses enfans éplorés, s'inclinèrent pour baiser sa main affoiblie. Oui, mon pere, s'écrièrent-ils, nous allons, prosternés devant le Seigneur, le supplier qu'un doux repos vienne réparer tes forces épuisées par la souffrance. Hélas! puisse notre priere être exaucée, puisse le Seigneur avant ton réveil calmer les souffrances qui te déchirent. Et le cœur percé de douleur, ils sortirent de la cabane, Eve seule y resta. Je voudrois sommeiller, dit Adam en lui adressant la parole ; mais la voyant baignée de larmes : Et quoi ! tu pleures, chere épouse, ajouta-t-il, crains que ton attendrissement augmentant ma peine, ne chasse le repos loin de moi. Ensuite il enveloppa son visage dans des peaux, pour cacher à sa compagne le chagrin qui dévoroit son ame inquiéte. L'est-ce, se demandoit-il à lui-même, cette heure pleine d'effroi ? Je le crois ; ah ! grand Dieu, qu'elle me paroît terrible ! Seigneur, n'abandonne pas un malheureux pécheur expirant. Cependant, quelqu'affreuse qu'elle me paroisse, ce seroit une consolation bien douce pour moi, si mon triste sort pouvoit acquitter les miens ; si par ma mort j'exemptois tous mes descendans d'un sort pareil à celui-ci. Mais non, ils me suivront ; les mêmes horreurs, le même voile de ténébres s'étendront sur tous ceux qui seront en ſantés par la ſemme ; car d'un tronc empoiſonné par le péché, que peut-il naître autre choſe que des pécheurs, & des pécheurs ſujets à la mort ? J'ai tué toute ma poſtérité. Tous tant que nous ſommes, nous finirons par être arrachés d'entre les bras de ceux qui nous chériſſent, de ceux qui nous adouciſſent cette vie par mille délices. O Eve, ô épouſe tendrement aimée, que de larmes tu verſeras ſur ma cendre ! Ah, triſte & effroyable perſpective ! Mais ma pouſſiere inanimée ne frémira-t-elle pas lorſque de jeunes orphelins demeurés ſans apui, pleureront la perte de leurs parens enlevés au milieu de leur courſe ; ou que des peres & meres décrépits ſe verront arracher par une mort précoce les ſoutiens de leur vieilleſſe ; lorſque des freres arroſeront de leurs larmes le tombeau de leurs ſœurs ; l'épouſe celui de ſon époux, & l'amante celui de ſon amant ? Faites graces alors à ma mémoire, ô mes enfans, ne maudiſſez pas ma tranquille pouſſiere. Il est bien juste que les aproches de la mort soient accompagnées de frémissemens & d'horreur, il est bien juste que nous sentions tout le poids de la malédiction à la derniere heure qui nous arrachera de cette vie de péché. C'est la mort qui ôte à l'ame cette enveloppe de limon qui l'entoure, pour la tirer de son état de malédiction, & la rendre heureuse; si malgré le peu de pouvoir qui lui reste pour le bien elle a lutté contre ses vices, & qu'elle ait tâché de s'élever à la vertu. Ainsi, mes enfans, il ne faudra pas que vous maudissiez ma cendre. Notre séjour sur la terre n'est pas proprement une vie; c'est l'aurore de la vie. Ecroulez-vous, montagnes accablantes qui pesez sur moi. C'est en mourant que je retournerai à la vie, j'en attends l'instant comme un tendre pere, qui, s'étant éveillé le premier pendant un matin délicieux du printems, attend au lever du soleil que ses chers enfans se réveillent, & viennent goûter ses embrassemens.

Telles étoient les pensées d'Adam livré à lui-même, lorsqu'un doux sommeil vint s'emparer de ses sens, & lui rendit le calme & le repos.

Pendant ce tems-là, Eve assise à ses côtés, pleuroit amérement, & disoit à voix basse, pour ne pas troubler le sommeil de son époux : Que de maux j'éprouve! O malédiction, suite du péché, appésantis ton fardeau sur moi. Double les maux que tu répands sur moi. Tout ce que vous souffrez de douleurs & de maux, ô vous tous, vient de moi seule ; c'est moi qui ai péché la premiere : hélas ! les maux que vous suportez sont autant de vers rongeurs qui me dévorent. Cher époux, si tu mourois ! (Ah, je frémis de cette idée ! un frissonnement général, une sueur froide me saisissent : les horreurs de la mort peuvent-elles être plus effroyables ?) si tu allois mourir par ma faute, ô Adam; si c'étoient actuellement les angoisses de la mort qui te saisissent ; ah ! ne me regarde pas avec mépris ou avec colere : & vous, mes enfans, ne maudiſſez pas votre mere, je ne ſuis que trop à plaindre. Il eſt vrai qu'aucun reproche n'eſt encore échappé de vos lévres : mais, hélas ! chacun de vos ſoupirs, chacune de vos larmes n'eſt-elle pas un reproche douloureux ? O Dieu tout-Puiſſant, prête l'oreille à mes prieres plaintives, ôte-lui ſes ſouffrances ; ou ſi ce ſont les avant-coureurs de la mort, ſi ſon corps doit retourner à la terre, affreuſe idée ! pour lors ne me ſépare pas de lui, laiſſe-moi mourir avec lui, à ſes côtés ; retire mon ame la premiere, pour que je ne voye point ſa mort ; j'ai péché la premiere. Eve ſe tut, & toute inconſolable, elle pleuroit à côté d'Adam aſſoupi.

Caïn étoit ſorti dans les champs, les larmes de ſes joues avoient eu le tems de ſe ſécher ; je ne pouvois, diſoit-il en s'en allant, je ne pouvois m'empêcher de pleurer auprès du lit de mon père ; ſes gémiſſemens & ſes diſcours avoient pénetré mon ame. Cependant.... il ne mourra pas, je l'espère. O Dieu ! fais qu'il ne meure pas, ce bon pere que j'aime. Oui, je ne pouvois m'empêcher de pleurer : mais pour pleurer comme mon frere, il faudroit que je fusse plus efféminé que je ne le suis. Dira-t-on encore que je suis d'une humeur farouche. Ou ne dira-t-on pas au moins qu'Abel aime plus son pere que moi, parce que je n'ai pas sangloté comme lui ? J'aime mon pere, je l'aime autant que fait Abel : mais je ne puis pas commander à mes larmes de couler.

Abel de son côté accablé de douleur alloit à ses pâturages, les larmes couloient encore de ses yeux, lorsqu'il se jetta à terre, baissant son front jusques sur l'herbe, qu'il humectoit de ses pleurs, & adressa cette priere au Seigneur.

Je te loue dans la plus profonde humilité, ô toi qui régles le destin des mortels avec une sagesse & une bonté infinie. J'ose dans nos tribulations élever mes prieres jusqu'à toi ; car tu as permis au pécheur de t'implorer, tu nous as permis cette douce consolation dans nos maux. Je ne dois pas sans doute espérer que tu réformes les voies de ta sagesse, pour écouter les vœux d'un vermisseau plaintif. Tes voies sont sages & bonnes, ô mon Dieu : je ne te demande absolument que la force de souffrir, & de la consolation dans nos peines. Mais si nos vœux ne sont pas en contrariété avec les voies de ta sagesse, rends-nous notre pere commun, rends à notre mère son époux qu'elle te demande, rends-lui celui qui partageoit son bonheur & sa misere, & dont le sort étoit si étroitement lié au sien, que la vie de l'un est celle de l'autre. Rends à des enfans inconsolables un pere chéri, remets l'heure de sa mort à des jours plus éloignés. Commande par un simple signe, & les maux les plus affreux disparoîtront aussi-tôt ; la joie, le ravissement & les actions de grace, s'éleveront vers ton trône, de l'humble cabane des mortels. Permets que celui qui nous a donné la vie reste encore long-tems avec nous; qu'il annonce encore parmi nous tes bontés infinies, & qu'il dicte tes louanges à nos fils & à nos filles, dès l'âge où ils articuleront à peine. Que si les decrets de ta sagesse ordonnent qu'il meure, ne t'offense pas, ô mon Dieu, de ma douleur & de mon frémissement!.... mais si ta sagesse ordonne qu'il meure, pardonne à ma douleur le désordre de mes paroles, & souffre que mes entrailles soient émues; s'il doit mourir, prête-lui ton assistance à l'heure terrible où sa poussière se dissoudra. Pardonne alors nos cris & nos lamentations; permets à notre douleur d'éclater, ou modere-là par tes consolations divines, afin que nous ne succombions pas au désespoir, & que nous louïons ta sagesse dans l'abîme même de la misère.

Telle avoit été la priere d'Abel, prosterné à terre avec une profonde humilité; il entendit du bruit, & des odeurs suaves répandues dans la contrée, portèrent leurs parfums jusqu'à lui; il tourna la tête, & il apperçut près de lui, un Ange Gardien tout rayonnant de beautés; des roses couronnoient son front serein, son souris étoit gracieux comme l'aurore, & il dit d'une voix douce comme l'haleine du zéphir: Ami, le Seigneur a entendu favorablement ta priere, il m'a commandé de m'envelopper d'un corps opaque & de vous apporter dans vos maux la consolation & le secours. La sagesse éternelle qui veille sans cesse au bien-être de chaque créature, & qui a soin de l'insecte rampant, comme de l'Archange brillant de lumiere, a bien voulu ordonner à la terre de produire dans son sein des remèdes salutaires pour le service de ses habitans, dont le corps est ouvert aux douleurs & à toutes les influences malfaisantes que la nature, depuis la malédiction, a exhalées autour d'eux, comme autant de dégrés pour les conduire à la corruption qui les attend. Ami, prend ces fleurs & ces plantes, ce sont des spécifiques propres à rétablir la santé de ton père, fais-les bouillir dans de l'eau de fontaine, qu'il en boive, & il sera guéri.

L'Ange lui donna les fleurs & les plantes, & disparut : frappé d'un étonnement inexprimable, Abel étoit immobile. O Dieu, s'écria-t-il, qui suis-je, pour que tu exauces aussi favorablement les gémissemens d'un pécheur qui n'est que cendre & poussiere ? Comment le mortel peut-il te rendre de suffisantes actions de graces ? Comment peut-il exalter dignement ta bonté ? Non, le mortel ne le peut pas, Seigneur, les Anges mêmes par leurs hymnes ne le pourroient pas. Soudain il court à sa cabane ; la joie lui prête des ailes, & il prépare avec une impatience avide la boisson salutaire. Ensuite il vole à la cabane du pere, où Eve étoit assise auprès de son lit, baignée de larmes, où Thirza & Mehala se tenoient tristement debout à ses côtés. Elles virent avec surprise son empressement, la joie peinte dans ses yeux, & le souris sur ses lévres. O mes bien-aimées, dit-il, essuyez vos larmes, le Seigneur a exaucé notre priere, il nous a secouru; car un Ange m'est aparu comme je priois dans le jardin, il m'a donné des simples cueillies de sa main céleste: fais-les bouillir, m'a-t-il dit, dans de l'eau claire, & rends à ton pere la santé. Elles écoutèrent ce récit avec étonnement, & témoignèrent leur reconnoissance par des louanges & des actions de graces. Le pere avoit pris la boisson odorante, & déja en éprouvant l'effet, il se leva sur son séant & rendit graces au Seigneur, avec une ardente piété; ensuite prenant la main du fils, il la pressa tendrement contre ses joues, & la mouilla de ses larmes, en disant: O mon fils, mon cher fils, béni sois-tu, toi par qui le Seigneur m'envoye du secours, toi dont la vertu plaît au Seigneur, toi dont il exauce les prieres; béni sois-tu encore une fois, mon fils bien-aimé. Eve & ses filles s'approchèrent aussi & embrassèrent celui par qui le Seigneur avoit envoyé son secours.

A cet instant même, Caïn revint des champs. Des soucis inquiets me tourmentent, avoit-il dit, je vais monter à la cabane de mon pere; peut-être a-t-on besoin de mon secours, peut-être qu'il meurt, hélas! & que je serai assez malheureux pour ne pas recevoir la derniere bénédiction de ses lévres. Et dans cette pensée il étoit revenu des champs. Il vit avec surprise en arrivant régner la joie & les tendres embrassemens; il entendit comme le pere bénissoit le fils, Mehala sitôt qu'elle l'eut apperçu, courut à lui, l'embrassa, & lui raconta comment le Seigneur avoit envoyé du secours par Abel. Caïn s'approche du lit du pere, lui baise la main en disant: Je vous salue, ô

mon

mon pere ; loué soit le Seigneur qui vous rend à nos larmes. Mais, ô mon pere, n'avez-vous point de bénédiction pour moi ? Vous avez béni celui par qui le Seigneur vous a envoyé du secours ; bénissez-moi, mon pere, je suis votre premier né. Adam le regarda tendrement, & lui serrant la main dans la sienne, je te donne ma bénédiction, lui dit-il, ô Caïn : sois béni de Dieu, ô mon premier né. Que la grace du Seigneur soit toujours sur toi ; que ton cœur jouisse d'une paix tranquille, & ton ame d'un repos inaltérable. Ensuite Caïn se tourna vers son frere, & l'embrassa, (comment eût-il pû ne le pas faire ? tous les autres l'avoient fait.) Puis il sortit de la cabane, mais ce fut pour s'aller confiner dans l'enfoncement d'un boccage obscur, où accablé de mélancolie, il s'écria : Une paix tranquille !... un repos inaltérable dans l'ame ! Eh comment aurois-je cette paix, ce repos ? .... N'a-t-il pas fallu que je demandasse la bénédiction, qui couloit volontairement de ses lévres lorsqu'il s'est agi de bénir mon frere ? On me laisse mon rang de premier né ; grand avantage, malheureux que je suis ! je n'ai de supériorité qu'en fait de misere & de dédain. C'est par lui que le Seigneur a envoyé du secours à notre pere. Tout ce qui peut le faire aimer plus que moi lui arrive. Comment auroient-ils de la considération pour moi, qui suis le rebut du Seigneur & de ses Anges ? Ils ne m'apparoissent pas à moi, ils passent avec dédain sans m'honorer de leur attention, tandis que je m'épuise à travailler aux champs, & que la sueur coule sur mon visage basané ; ils passent, & c'est pour l'aller trouver, lui dont les mains délicates se jouent dans les fleurs, ou qui se tient oisif près de son troupeau, ou verse quelques larmes qu'il a de trop, à l'occasion de ce que le soleil couchant colore de pourpres les nuages, ou que la rosée éclate sur l'émaille des fleurs. Malheur à moi d'être le premier né, puisque mon aînesse ne m'assure qu'un poids plus accablant de malédiction. Toute la nature lui sourit; je suis le seul à manger le pain de douleur à la sueur de mon visage; je suis en tout le seul malheureux. C'est en roulant dans son cerveau mélancolique ces noires pensées de haine & d'envie, qu'il erroit dans ce fond de boccage.

Le soleil se retiroit derriere les monts d'azur, & teignoit, en descendant sous l'horison, les nuées en couleur de feu, lorsqu'Adam de son côté parla ainsi : Le soleil se retire derriere les monts, je veux aller devant la cabane avant que le jour finisse, louer le Seigneur, qui m'a secouru, & il a sorti de son lit plein de force & de vigueur. Eve avec ses filles l'accompagnoient. Le soleil du soir répandoit sur ces régions une lumiere douce. Adam se jette à genoux, & parcourant avec des yeux transportés la contrée ainsi éclairée : Me voici, dit-il à Dieu, avec une fervente effusion de cœur : me voici, mon souverain

Maître, prosterné devant votre face, pénétré de votre bonté infinie. Douleurs aiguës, qu'êtes-vous devenues ! Vous aviez atteint jusqu'à mes os ; vous brûliez mes visceres comme un feu : mais au milieu de mes souffrances, mon ame s'est élevée au Ciel, elle a mis sa confiance dans le Seigneur ; le Seigneur m'a regardé du haut du Ciel, & a exaucé nos prieres ; aussi-tôt les douleurs ont cessé de me déchirer, la force & la gaité sont venues ranimer mes membres ; la mort n'avoit pas encore de droit sur ma cendre, je devois encore te louer dans ce corps mortel, & donner en ma personne de nouvelles preuves à l'univers de ta clémence & de tes miséricordes sur l'homme pécheur. Je te louerai, ô Dieu infiniment bon, depuis le crépuscule du matin jusqu'à celui du soir. Tant que mon ame sera entourée de son enveloppe terrestre, elle bégayera tes louanges & sa reconnoissance : mais dès qu'elle en sera dégagée, s'élevant alors triomphante à une nature plus noble, elle te verra face à face dans tout l'éclat de ta magnificence. O vous, Anges brillans de lumiere, jettez les yeux sur cette demeure de pécheurs, ce séjour de la mort. Cette terre dont les fondemens s'ébranlèrent, d'où le printems disparut dès que le péché l'eut souillée, dès que Dieu eut détourné ses regards de dessus nous; cette terre est le théâtre des merveilles de sa bonté infinie. Soyez-en les témoins, & dans une sainte ivresse, louez-en l'auteur plus dignement que nous ne pouvons faire. L'homme, hélas! ne peut qu'esquisser, que balbutier son ravissement! Je te salue, aimable soleil, je te salue avec ton coucher. Lorsque tes rayons du matin commençoient à briller derriere les cédres, je gémissois, accablé par la douleur; lorsqu'ils éclairèrent ma cabane, je te saluai par des soupirs; lorsque le soir tes rayons brillent derriere les montagnes, prosterné à genoux, je rends graces au Seigneur, qui m'a déja secouru, qui a dissipé mes douleurs. Je vous salue, montagnes élevées, & vous collines répandues dans les plaines; mon œil vous verra encore, quand vous réfléchirez les rayons vermeils de l'un & l'autre crépuscule: je vous salue, oiseaux qui chantez les louanges de l'Eternel, votre chant recréera encore mon oreille; il me réveillera dès le matin pour chanter des hymnes au Seigneur. Vous, fontaines murmurantes, mes membres se reposeront encore sur vos bords émaillés de fleurs, où le bruit de vos douces ondes fait naître un sommeil bienfaisant. Et vous, boccages, buissons, berceaux, je me promenerai encore sous vos ombrages: vous verserez encore votre agréable fraîcheur sur ma tête, lorsqu'enseveli dans de profondes méditations, j'errerai dans vos charmans labyrinthes. Je te salue, ô nature entiere: mais j'en adore uniquement le Tout-puissant Modérateur qui a soutenu mon vil limon prêt à s'écrouler.

C'est ainsi que le pere des humains louoit le Seigneur ; la nature paroissoit attentive à sa priere, & les créatures sembloient le féliciter sur son retour à la vie. Le soleil ne donnant plus qu'une lumiere adoucie, dardoit encore ses rayons à travers le feuillage, prêt à s'aller cacher derriere les montagnes ; les fleurs distribuoient leurs parfums sur les jeunes zéphirs, comme pour les charger de les exhaler sur lui, & les oiseaux, comme à l'envie, lui donnoient l'agréable amusement de leur doux ga'ouillement & de leurs folâtres badinages. Caïn & Abel arrivèrent sous le feuillage, & virent avec une joie délicieuse leur pere rendu à leurs voeux. Sa priere finissoit ; il se leva, & embrassa sa femme & ses enfans ; des larmes de joie couloient de ses yeux : après quoi il s'en retourna dans sa cabane. Cependant Abel dit à Caïn : mon cher frere ! quelles actions de graces rendrons-nous au Seigneur de ce qu'il a exaucé nos gémissemens, & de ce qu'il nous rend notre précieux pere? Je vais, pour moi, à cette heure où la lune se leve, m'acheminer vers mon Autel; pour y offrir au Seigneur en sacrifice le plus jeune de mes agneaux. Et toi, mon cher frere, es-tu dans la même idée? Voudrois-tu aussi sur ton Autel faire un sacrifice au Seigneur?

Caïn le regardant d'un œil chagrin: Oui, dit-il, je vais aller aussi à mon Autel, offrir en sacrifice au Seigneur, ce que la pauvreté des champs me donne. Abel lui répondit gracieusement: Mon frere, le Seigneur ne compte pour rien l'agneau qui brûle devant lui, ni les fruits de la campagne que la flamme consume, pourvu qu'une piété sans tache brûle dans le cœur de celui, qui donne l'un ou l'autre.

Caïn repartit: il est vrai, le feu tombera tout d'abord du Ciel pour consumer ton holocauste, car c'est par toi que le

Seigneur a envoyé du ſecours : pour moi il m'a dédaigné ; mais je n'en irai pas moins lui offrir mon ſacrifice. Je ſuis auſſi pénétré que toi de reconnoiſſance ; notre pere rendu à nos vœux m'eſt précieux comme à toi ; qu'au ſurplus le Seigneur agiſſe avec moi, miſérable vermiſſeau, ſelon ſon bon plaiſir.

Abel alors ſe jetta tendrement au coû de ſon frere, en diſant : Ah ! mon frere, eſt-ce que tu te fais un nouveau ſujet de chagrin de ce que le Seigneur s'eſt ſervi de moi pour porter du ſecours à mon pere ? S'il s'eſt ſervi de moi, c'eſt une commiſſion dont il m'a chargé pour nous tous. O mon frere, écarte, je t'en ſupplie, ces fâcheuſes idées, le Seigneur qui lit dans nos ames, ſait bien y découvrir les penſées injuſtes & les murmures ſourds. Aime-moi comme je t'aime. Vas offrir ton ſacrifice : mais ne permets pas que des diſpoſitions impures en ſouillent la ſainteté ; & compte qu'alors le Seigneur recevra favorablement tes louanges & tes actions de graces, & qu'il te bénira du haut de son trône.

Caïn ne répondit point, il prit le chemin de ses champs, & Abel le regardant avec tristesse, prit celui de ses pâturages, chacun s'avançant vers son Autel. Abel égorgea le plus jeune de ses agneaux, l'étendit sur l'Autel, le parsema de branches aromatiques & de fleurs, & mit le feu à l'holocauste; puis échauffé d'une piété fervente, il se mit à genoux devant l'Autel, & fit à Dieu les actions de graces & les louanges les plus affectueuses. Pendant ce tems, la flamme du sacrifice s'élevoit en ondoyant à travers les ombres de la nuit: le Seigneur avoit défendu aux vents de souffler, parce que le sacrifice lui étoit égréable.

De son côté Caïn mit des fruits de ses champs sur son Autel, alluma son sacrifice & se prosterna devant son Autel. Aussi-tôt les buissons s'agitèrent avec un bruit épouvantable, un tourbillon dissipa en mugissant le sacrifice, & couvrit le malheureux de flammes & de fumée. Il recula de l'Autel en tremblant, & une voix terrible qui sortit de l'obscurité effroyable de la nuit, lui dit : pourquoi trembles-tu, & pourquoi la terreur est-elle peinte sur ton visage ? Il en est encore tems, corrige-toi ; je te pardonnerai ton péché, sinon ton péché & son châtiment te poursuivront jusques dans ta cabane. Pourquoi haïs-tu ton frère ? il t'aime, te complaît & t'honore! La voix se tut, & Caïn saisi de frayeur, quitta ce lieu affreux pour lui, & s'en retourna à travers la nuit ; le vent furieux chassoit encore après lui la fumée infecte du sacrifice, son cœur frissonnoit, & une sueur froide coula de ses membres. Cependant en promenant ses regards, il vit dans la campagne les flammes du sacrifice de son frère, qui s'élevoient en tournoyant dans les airs. Désespéré par cette vue, il tourna ses regards ailleurs, & dit en grinçant des dents: Le voilà, le favori qui offre son sacrifice. Fuyez, mes yeux, ce spectacle outrageant: si j'en étois plus long-tems le témoin, toute la rage des enfers est dans mon cœur, non je ne pourrois pas m'abstenir de maudire d'une voix tremblante cet objet de prédilection: mais tournons notre fureur sur nous-mêmes. Venez, ô mort, ô destruction, venez finir les maux d'un infortuné. Ah! mon pere, faut-il que tu ayes péché! Je devrois peut-être me présenter à tes yeux avec ce pâle désespoir peint sur mon visage, afin que tu voyes le comble de ma misère, afin que tu pressente tous les malheurs de tes descendans; non, soyons malheureux seuls, & ne nous vengeons pas sur un pere, en lui présentant cet affreux tableau. Une horreur mortelle le saisiroit, il en expireroit en ma présence, & j'en serois bien plus malheureux. La colere du Seigneur s'est appésantie sur moi, il m'a maudit, il me dédaigne : je suis la plus malheureuse créature qui habite cette terre. Les animaux de la campagne, les insectes rampans, sont pour moi dignes d'envie. O Dieu miséricordieux, si tu pouvois étendre ton indulgence sur moi! Laisse fléchir ta colère, ou me replonge dans le néant... Mais que dis-je, cœur endurci que je suis? Si tu te corriges, m'a-t-il été dit, je te pardonnerai ton péché. Choisis le pardon ou la misère; misere éternelle, misere inexprimable! Oui, j'ai péché; oui, mes iniquités s'élevent au-dessus de ma tête, & te crient vengeance, ô Dieu juste, que ta vengeance est juste aussi! Plus on s'éloigne des voies de la perfection & de la sagesse, plus on devient malheureux. Il faut bien que je sois coupable, puisque je suis malheureux. Je les quitterai ces voies perverses. Détourne tes yeux, ô mon Dieu, de dessus mes iniquités passées. Préserve-moi d'en commettre de nouvelles. Prends pitié de moi, ô mon Dieu! ou..... anéantis-moi!

LA MORT D'ABEL.

CHANT QUATRIEME.

L'AIR étoit encore humide de la rosée de la nuit, les oiseaux assoupis gardoient le silence, & le soleil levant n'avoit pas encore doré les sommets des montagnes & les brouillards errans du matin. Caïn sortoit de sa cabane, traînant sa noire mélancolie au-devant du crépuscule. Mehala, sans savoir qu'il l'entendoit, avoit pleuré sur lui, & son occupation pendant la nuit entière avoit été de lever les mains au Ciel en priant & gémissant. Pour lui, errant avant l'aurore, sa voix murmurante résonnoit dans le calme profond des campagnes, comme un tonnerre éloigné. O nuit odieuse, disoit-il, quels noirs nuages rôdoient autour de moi ! Quel effroi, quelle terreur ! Cependant mon imagination alloit se calmer, mes visions affreuses alloient disparoître, lorsque ses sanglots & ses lamentations m'ont éveillé. Hélas ! le sommeil ne me quitte que pour me plonger dans la désolation. Ne puis-je donc jamais jouir d'une heure de repos ? Qu'avoit-elle à pleurer sur moi ! Elle ne sait pas encore que mon sacrifice a été rejetté. Ses pleurs m'accablent ; je ne puis tenir à ses gémissemens, à ses cris, ils m'ont ravi d'avance le repos du jour qui va luire. Un souris d'approbation accompagne tout ce que fait mon frere. Il n'y a que moi que la tristesse poursuit en tous lieux. Je t'aime, Mehala, je t'aime plus que moi-même; pourquoi faut-il que ce soit toi qui remplisses d'amertume le peu d'heures destinées à mon repos!

Il s'arrêta sous un buisson qui par le pied tenoit à un roc. Oh! doux sommeil, dit-il, rends-moi ici ta faveur bienfaisante. Malheureux que je suis, fatigué jusqu'à l'épuisement, je t'attendois dans ma cabane, & à peine avois-tu déployé tes douces ailes sur moi, qu'une voix lamentable m'a réveillé. Ici sans doute personne ne troublera mon repos, à moins que les Etres mêmes inanimés, ne me poursuivent jusques dans les retraites les plus écartées. O terre, qui depuis ta malédiction trop sévère exiges des travaux si rudes! . . . travaux encore qui ne prolongent ma vie que pour me rendre plus long-tems malheureux... en ce moment au moins, laisse-moi par quelques instans de repos réparer ma lassitude extrême; je n'attends pas d'autre bonheur, & n'en connois pas de plus grand. Il dit, & se coucha sur l'herbe parfumée, où bien-tôt le sommeil déploya sur lui ses sombres ailes.

Anamalech avoit suivi ses pas en secret, & se trouvoit à côté de lui. Un profond sommeil s'est emparé de ses yeux, dit-il, je vais me coucher à son côté; & pour arriver à mon but, je troublerai son ame par des objets fantastiques. Venez, songes légers, secondez-moi, rassemblez toutes les images qui pourront faire naître en lui la fureur & l'égarement, l'envie à la dent corrosive, la colere emportée, & toutes les passions tumultueuses. Ainsi dit l'esprit impur & se blottit auprès de Caïn. Tandis qu'il s'y arrangeoit, un bruit épouvantable se fit entendre sur la cime des montagnes, un vent mugissant agitoit les buissons, & rabattoit les boucles des cheveux de Caïn le long de son front & de ses joues. Mais en vain les buissons mugirent, en vain les boucles de ses cheveux battirent son front & ses joues : le sommeil s'étoit appésanti sur ses yeux : rien ne put les lui faire s'ouvrir.

Il vit en songe une vaste campagne, parsemée de pauvres chaumiere. Il vit ses fils & ses petits-fils dispersés dans la plaine, où ils s'exposoient résolument au soleil du midi qui dardoit ses rayons brûlans sur leurs cols hâlés; assidus à leurs durs travaux, tantôt ils recueilloient les fruits nécessaires à leur subsistance; tantôt ils préparoient la terre à recevoir de nouvelles semences, ou courbés dans les sillons, ils s'ensenglantoient les mains à extirper les ronces épineuses qui étouffoient leurs grains naissans, & en interceptoient la nutrition; tandis que leurs femmes, plus résidentes dans les cabanes, préparoient de sobres repas pour le moment de leur retour. Il vit Eliel, son fils ainé, (car il voyoit distinctement dans ce songe) il vit Eliel soulever de terre en gémissant, un pesant fardeau, & le charger sur ses épaules; la ſueur couloit ſur ſon viſage rembruni & la triſteſſe étoit peinte dans ſes yeux. Que cette vie eſt malheureuſe, diſoit-il, accablé par le faix, qu'elle eſt remplie de peines & d'incommodités! Que la malédiction eſt rudement appéſantie ſur les fils de Caïn. Celui qui créa cette terre les a-t-il tous bannis de ſes yeux après la malédiction? Ou la malédiction n'a-t-elle ſu frapper que les enfans du premier né? Là-bas dans les campagnes habitées par les fils d'Abel, d'où ces durs parens nous ont exclus ne nous laiſſant de libre que ces deſerts arides, là-bas où ils repoſent voluptueuſement à l'ombre des boccages, la nature ſemble avoir conſacré toutes ſes productions à leur molle pareſſe; toutes les conſolations, les adouciſſemens, les plaiſirs, s'il en eſt ſur la terre, ſont réſervés pour ces voluptueux; notre partage à nous eſt l'indigence & le travail. A ces mots Eliel, toujours chargé de ſon fardeau, ſe traîne vers la cabane. Caïn vit ensuite plus loin une plaine émaillée de fleurs, que traversaient en serpentant des ruisseaux d'eau-vive; dans leur course vagabonde, ils s'avançoient jusques sous les cintres des berceaux, sous l'ombrage des bosquets touffus, & le long des routes bordées d'arbres; leur onde réfléchissoit les couleurs éclatantes des divers fruits; & après avoir erré long-tems à travers des gazons fleuris, ils finissoient par s'aller confondre avec des étangs tranquilles & ombragés. Ici dans un bois de citroniers folâtroient des zéphirs rafraîchissans; plus loin un boccage de figuiers déployoit son vaste ombrage sur les tendres fleurs. Ce séjour réunissoit dans la réalité tous les agrémens dont il a plu à la fable de décorer la belle vallée de Tempé, & l'agréable région de Gnide, où s'élevoit, en l'honneur de Vénus, un temple magnifique sur de brillantes colonnes. Caïn vit dans son rêve des troupeaux blancs comme la neige errer dans l'herbe haute, & brouter les fleurs odorantes, pendant que le Berger délicat, couronné de fleurs, fredonnoit une chanson tendre auprès de sa douce amie, couchée négligemment à l'ombre. Là de jeunes garcons, beaux comme les amours, & de jeunes filles, belles comme les Graces, s'assembloient sous la voûte d'un treillage garni de chevre-feuille & de myrte. Alors de doux breuvages pétilloient dans des coupes d'or, & des fruits délicieux brilloient sur des tables couvertes de fleurs; tandis que des chants agréables & des instrumens harmonieux retentissoient à l'entour. Il lui sembla qu'un jeune homme se levoit au milieu de l'assemblée. Que tout vous prospere, mes bien-aimés, dit-il à ses compagnons, que tout vous prospère; & pour vous rendre votre bonheur durable, écoutez ce que j'ai a vous dire. La nature, il est vrai, nous sourit, elle a rassemblé tous ses charmes autour de notre demeure: mais elle ne laisse pas d'exiger de nous des soins & du travail, travail & soins trop pénibles pour nous, qui nous sommes consacrés à des occupations plus douces. Il seroit dur pour nos mains accoutumées à toucher les cordes sonores de la lyre, de cultiver les champs; & nos têtes qui tous les jours reposent à l'ombre, couronnées de roses, ne sauroient endurer l'ardeur brûlante du soleil. O mes bien-aimés, je vais vous confier des pensées qui m'ont, je crois, été inspirées par un Ange protecteur. Quand l'obscurité de la nuit sera arrivée, marchons vers les campagnes peuplées de laboureurs; & quand harassés des travaux de la journée, ils seront ensevelis dans un profond sommeil, allons les surprendre, les lier, & menons-les prisonniers dans nos demeures, afin que ces hommes grossiers, qui ne sont pas comme nous initiés dans les beaux arts, supportent seul les travaux de la campagne, & que leurs femmes & leurs filles soient employées à servir les nôtres. Mais je vous l'ai dit, choisissons la nuit pour cette expédition. Il est pourtant vrai que nous leur sommes supérieurs en nombre: mais qu'avons-nous besoin de risquer de dangereux combats? Ainsi parla le jeune homme, & la foule témoigna son applaudissement par des acclamations de joie. Aussi-tôt une nouvelle scène vint frapper les yeux de Caïn. Le projet inhumain s'exécutoit déjà. Il étoit nuit. Des cris d'épouvante & de désolation, mêlés avec les cris de triomphe, vinrent du côté des cabanes, qui toutes en flammes éclairoient les rochers & les campagnes. A la lueur de l'embrâsement, il vit ses fils attachés, & leurs femmes & leurs enfans marchans devant les fils d'Abel, comme un troupeau timide d'agneaux bêlans.

Tel fut le songe de Caïn. Il en frémissoit encore dans son sommeil, lorsqu'Abel qui l'avoit apperçu dans le boccage au pied du rocher, s'approcha de lui; & jettant sur lui des regards pleins d'affection, il dit avec cette douceur qui lui étoit propre : Ah! mon frère, puisses-tu bientôt te réveiller, pour que mon cœur gros de tendresse, te puisse exprimer ses sentimens, & que mes bras puissent t'embrasser ! Mais plutôt modérez vos desirs empressés, retenez vos haleines, zéphirs du bocage ; & vous, petits oiseaux, ne frédonnez qu'à demi-voix, de peur d'interrompre ou de troubler le précieux repos de mon frere. Peut-être que ses membres fatigués, ont encore besoin des influences restaurantes du sommeil. Mais... comme le voilà étendu, pâle..... défait.... inquiet.... la fureur paroît peinte sur son front. Eh! pourquoi le troublez-vous, songes effrayans ? Laissez son ame tranquille ; venez, images agréables, peintures des douces occupations domestiques, & des tendres embrassemens, venez dans son ame. Que tout ce qu'il y a de beau & d'agréable dans la nature, remplisse son imagination de charmes & de délices ; qu'elle soit riante comme un jour de

printems ;

printems; que la joie soit peinte sur son front, & qu'à son réveil les Hymnes éclosent de ses levres. A ces mots, il fixe son frere avec des yeux animés d'un tendre amour, & d'une attente inquiette.

Tel qu'un lion redoutable, dormant au pied d'un rocher, qui tout endormi qu'il est, glace d'effroi par sa criniere hérissée le voyageur tremblant, & l'oblige à prendre un détour pour passer: si d'un vol rapide une fleche meurtriere vient à lui percer le flanc, il se leve soudain avec des rugissemens affreux, & cherche son ennemi en écumant de rage; le premier objet qu'il rencontre sert de pâture à sa fureur, il déchire un enfant innocent qui se joue avec des fleurs sur l'herbe. Ainsi se leva Caïn, les yeux étincellans & le visage pâle de fureur. Un orage de colère se formoit, la nuée étoit prête à crever, il frappa du pied contre terre; ouvre-toi ô terre! s'écria-t-il, ouvre-toi, & engloutis-moi profondément dans tes abîmes. Je n'éprouve que de malheurs, & pour comble d'horreurs, ô fatale perspective! je vois que le sort affreux qui me poursuit, doit être un jour transmis sur la tête de mes enfans. Mais non, tu ne t'ouvriras pas, je t'implore en vain; le vengeur tout-puissant t'en empêchera; il faut que je sois misérable, il le veut; & de peur que mes maux futurs ne me laissent jouir du présent, il écarte lui-même le rideau pour me faire voir les profondeur de de l'avenir. Maudite soit l'heure à laquelle ma mere, en m'enfantant, a donné la premiere preuve de sa triste fécondité. Maudite soit la région où elle a senti les premieres douleurs de l'enfantement. Périsse tout ce qui y est né; que celui qui veut y semer perde ses peines & sa semence, & qu'une terreur subite fasse tressaillir tous les os de ceux qui y passeront.

Telles étoient les imprécations du malheureux Caïn, lorsqu'Abel, pâle comme on l'est au bord du tombeau, risqua de s'avancer à pas chancelans. Mon frere, lui dit-il, d'une voix entrecoupée par l'effroi : mais non... Dieu... je frissonne... un des séditieux réprouvés, que la foudre de l'Eternel a précipités du ciel, a sans doute emprunté sa figure, sous laquelle il blasphême ! ... Où est-il mon frere ? Ah ! fuyons, où es-tu, mon frere, que je te bénisse ?

Le voici, s'écria Caïn, avec une voix de tonnerre, le voici, beau favori, mignon chéri du vengeur éternel, & de toute la nature, toi dont la race de vipere sera un jour la seule heureuse dans le monde : car il le faut bien. Il étoit juste qu'il y eut une génération qui donnât à la troupe bénite, des serviteurs soumis, des bêtes de somme, afin que ces hommes délicats n'épuisent pas à des travaux rudes, des corps consacrés à la volupté. Ah ! toute la rage de l'enfer est dans mon cœur. ne pourrai-je.....

Caïn, mon frere, dit Abel en l'interrompant avec une émotion dans la voix, & une altération dans le visage, qui exprimoit tout à la fois sa surprise, son inquiétude & son affection, quel songe affreux a troublé ton ame? Je viens dès l'aurore pour te chercher, pour t'embrasser, pour te bénir avec le jour naissant : mais quelle tempête intérieure t'agite? que tu reçois mal mon tendre amour! quand viendront, hélas, les jours fortunés, les jours délicieux, où la paix & l'amitié fraternelle rétablies feront revivre dans nos ames le doux repos & les plaisirs rians; ces jours après lesquels notre pere affligé, & notre tendre mere soupirent avec tant d'ardeur. O Caïn, tu ne comptes donc pour rien ces plaisirs de la réconciliation, à quoi tu feignis toi-même d'être sensible, lorsque tout transporté de joie je volai dans tes bras? Est-ce que je t'aurois offensé depuis? Dis-moi, si j'ai eu ce malheur : mais tu ne cesses pas de me lancer des regards furieux. Je t'en conjure par tout ce qu'il y a de ſacré, laiſſe-toi calmer, ſouffre mes innocentes caresſes! Tout en diſant ces derniers mots, il ſe mit en devoir d'embraſſer les genoux de Caïn ; mais celui-ci recula en arriere ; .... ah ſerpent, dit-il, tu veux m'entortiller!.... Et en même-tems ayant ſaiſi une lourde maſſue, qu'il éleva d'un bras furieux, il en fendit la tête d'Abel. L'innocent tomba à ſes pieds, le crâne fracaſſé ; il tourna encore une fois ſes regards ſur ſon frere, le pardon peint dans les yeux, & mourut ; ſon ſang coula le long des boucles de ſa blonde chevelure, aux pieds même du meurtrier.

A la vue de ſon crime, Caïn épouvanté, étoit d'une pâleur mortelle ; une ſueur froide couloit de ſes membres tremblans ; il fut témoin des dernieres convulſions de ſon frere expirant. La fumée de ce ſang qu'il venoit de verſer, montoit juſqu'à lui. Maudit coup! s'écria-t-il, mon frere!.... réveille-toi, ... réveille-toi, mon frere! Que ſon viſage eſt pâle! que ſon œil eſt fixe ! comme ſon ſang inonde ſa tête !... Malheureux que je ſuis !... Ah ! qu'eſt-ce que je preſſens ? ... des horreurs infernales. Son déſeſpoir lui faiſoit pouſſer des hurlemens. Il jetta loin de lui la maſſue ſanglante, & de ſon poing fermé il ſe frappoit violemment le front. Puis ſe baiſſant ſur la malheureuſe victime de ſa rage, il voulut la relever de terre. Abel !... mon frere !... crioit-il au cadavre ſans vie, Abel, réveille-toi... Ah ! l'horreur des enfers vient me ſaiſir ! Comme ſa tête dégoutante de ſang eſt penchée ! Quelle défaillance ! O mort.... ç'en eſt donc fait pour toujours ! mon crime eſt ſans remède. Où fuir, & comment fuir ? Mes genoux chancelans ſe refuſent à moi ; puis pouſſant des hurlemens effrayans, il ſe traîne languiſſamment dans le bocage voiſin.

Le ſéducteur, d'un air triomphant, ſe tenoit près du mort, avec une orgueilleuſe allégreſſe ; il ſe dreſſe fiérement ſur ſon corps giganteſque ; ſon aſpect étoit auſſi effrayant que la noire colonne de fumée qui s'éleve des décombres à demi-conſumés d'une cabane ſolitaire, dont les habitans travailloient paiſiblement dans les champs, tandis que la flamme dévoroit toutes leurs commodités domeſtiques, toutes leurs richeſſes. Anamalech ſuivoit le criminel des yeux avec un ſouris infernal ; puis jettant ſur le cadavre un regard de complaiſance : Quel doux ſpectacle, dit-il, qu'il eſt agréable de voir pour la premiere fois la terre abreuvée de ſang humain ! Je n'ai jamais vû couler avec autant de plaiſir les ſources ſacrées du Ciel, avant cette époque fatale où le maître de la foudre nous en précipita ; jamais les harpes harmonieuſes des Archanges n'ont raiſonné à mes oreilles avec autant de charmes, que ce râlement, que ces derniers ſoupirs d'un frere aſſaſſiné par ſon frere. O toi ! la plus moderne des productions divines, magnifique & dernier chef-d'œuvre sorti de la main toute-puissante du Créateur, comme te voilà étendu ridiculement ! Leve-toi, beau jeune homme, ami des Anges; leve-toi, le culte de ton Dieu ne te permet pas cette indolence à faire tes actes d'adorations. Mais il ne se meut point, c'est son propre frere qui l'a étendu là avec si peu de ménagement. Que dis-je ? C'est moi-même qui ai conduit le bras du parricide Caïn, c'est par de pareilles actions, dont Satan lui-même s'honoreroit, que j'entends me distinguer parmi la classe obscure des démons.... Il est tems que je m'en retourne au pied des trônes infernaux; qu'il me sera doux d'entendre les cris d'allégresse célébrer mes louanges! Là, tandis que les voûtes de l'abîme retentiront d'applaudissemens, je marcherai triomphant au milieu de cette foule obscur d'esprits malheureux qu'aucune entreprise d'éclat n'a encore ennoblis. Dans son triomphe orgueilleux, il voulut encore une fois fixer ſa victime : mais les traits hideux du déſeſpoir diſſipèrent tout-à-coup ſon ſouris ironique, & effacèrent l'orgueil imprimé ſur ſon front. Le Seigneur commanda aux horreurs de l'enfer de le ſaiſir; & une mer de tourmens ſe déborda ſur lui. Alors il maudit l'heure de ſon exiſtence, il maudit l'éternité pleine de tourmens, & s'enfuit.

Cependant, les derniers ſouris du mourant, & ſes derniers gémiſſemens, étoient montés devant le trône du Tout-puiſſant, & demandoient vengeance à la juſtice éternelle. Le tonnerre ſe fit entendre du lieu très-ſaint; les harpes d'or ceſſerent de raiſonner; l'alleluia éternel fut interrompu. Trois fois le tonnerre retentit ſous les voûtes élevées du Ciel. A ce bruit formidable ſuccéda la voix majeſtueuſe du Très-Haut ſortant de la nuée d'argent qui environne le trône. Elle appella un Archange. L'eſprit de lumiere s'avance, ſe voilant la face de ſes ailes éclatantes,

& Dieu dit : Voilà que la mort a pris sa premiere proie sur l'espèce humaine. Ta fonction sera désormais d'assembler les ames des justes ; j'ai parlé moi-même à celle d'Abel, lorsqu'il tomba ; dorénavant tu te tiendras à côté du juste que glace la froide sueur de la mort, pour l'assurer de sa béatitude éternelle, dans ces momens de perpléxité où l'ame tremblante sur sa vie passée, redoute sa séparation. Tu calmeras ses frayeurs, & lui inspireras la confiance : tu détourneras ses yeux de dessus ma justice rigoureuse, pour ne les laisser tomber que sur ma clémence. Vas dès cet instant sur la terre au-devant de l'ame du mort ; & toi, Michel, accompagne son vol, & annonce au meurtrier la malédiction prononcée contre lui. Tel fut l'arrêt de l'Eternel, & le tonnerre retentit trois fois sous les voûtes élevées du Ciel. Aussi-tôt les Archanges traversèrent d'un vol bruyant les rangs de la milice céleste, & ayant passé rapidement les portes du séjour divin, qui s'étoient ouvertes d'elles-mêmes à leur aspect, ils virent des soleils sans nombre, & s'abbatirent enfin sur la terre.

Aussi-tôt l'Ange de la mort appella l'ame d'Abel de sa dépouille sanglante ; elle s'avança avec un souris gracieux ; les parties les plus spiritueuses du corps la suivoient, & mêlées aux exhalaisons balsamiques, dérobées par les doux zéphirs aux fleurs qui croissoient par-tout où portoit l'éclat rayonnant de l'Ange, elles environnoient l'ame, & se formoit en un corps éthéré. Elle vit avec un transport qu'elle n'avoit jamais senti, l'Ange qui venoit au-devant d'elle.

Je te salue, dit l'Esprit céleste, avec un front où se peignoit la bonté, je te salue, ô ame bienheureuse, dégagée de ta dépouille terrestre. Reçois mes embrassemens. Que je me félicite d'être celui de tous les Anges que Dieu a choisis pour t'introduire dans la béatitude, des millions d'autres esprits t'y attendent. Conçois, si tu peux, ton bonheur, ce que c'est que de contempler Dieu face à face, d'en jouir. Tu vas voir avec quelle magnificence il fait récompenser la vertu. Que je t'embrasse encore une fois, ô toi qui le premier as déposé la poussiere qui t'enveloppoit pour te révêtir de lumiere.

Permets que je t'embrasse à mon tour, ami céleste, reprit l'ame; & elle resta confondue avec l'Ange par le sentiment ravissant de sa béatitude. O quelle félicité inexprimable !... Lorsque mon ame qui est sortie de son limon y étoit encore attachée, & qu'à la clarté douce & bénigne d'une lune sans nuage, & solitaire, méditant sur les grandeurs de mon Dieu, & sur les charmes de la vertu : élevé au-dessus de moi-même par ces sublimes objets, j'éprouvois déja, sans le savoir, un crépuscule obscur de la béatitude que je goûte à présent. Qu'ils ont encore pour moi à cette heure des attraits bien plus piquans, ces charmes de la vertu! Combien les images des attributs divins se sont agrandies à mes yeux! Quelles pensées nouvelles!.... Elles sont agréables comme la vue d'un beau jour de printems, brillantes & sublimes comme les astres qui roulent dans l'immensité de l'espace. A ces mots l'ame embrassa encore l'Ange, & continua ainsi: Me voilà possesseur assuré de l'éternité. Je pourrai donc ne plus faire autre chose que d'exalter les bontés de Dieu, qui récompense à jamais d'une félicité inexprimable celui qui aimoit ce qui est beau & bon.

Ainsi s'entretenoient les deux bienheureux, ainsi leur amour réciproque s'épanchoit en de tendres embrassemens. Viens, dit l'Ange à l'ame, suis mon vol, quitte la terre; tu n'as rien à y chérir que les cœurs vertueux qui y restent. Ne les regrette pas; encore quelques années, & ils te suivront. Quant à présent, les cœurs des Archanges t'attendent, répons à leurs empressemens. Viens prendre possession de ces nouveaux amis ; viens célébrer avec eux dans de saints transports de joie le nom sacré de l'Eternel.

Je te suis, reprit l'ame du Juste. Dans quel torrent de délices & de félicité tu m'emportes, cher & respectable ami, dont la nature est d'une excellence si supérieure à la mienne ! Et vous, mes bien-aimés, que je laisse dans la poussiere ; quand un jour les années de votre vie se seront écoulées sur vos têtes, quand l'heure de votre dissolution sera arrivée, le céleste introducteur des ames ira au-devant de vous ; & moi je tâcherai de l'accompagner. Prosterné au pied du trône du Très-haut, je lui demanderai cette grace insigne. Avec quelle joie je verrai vos ames pures & saintes s'élancer de la fange où elles sont ensévelies, dans le séjour de la béatitude ! Et toi, Thirza, ma chere & tendre compagne, je te reverrai aussi, quand tu auras long-tems pleuré sur mes ossemens ;

quand l'enfant qui ne commence qu'à balbutier sera devenu aussi vertueux que toi sous ta conduite, tu subiras la mort à ton tour. Quel ravissement, quand alors ton ame, quittant son corps glacé, viendra voler dans mes bras.

Ainsi parloit Abel, & s'élevant dans les airs, il commençoit à perdre la terre de vue; cependant son regard errant encore sur les cabanes, tomba par hazard sur son frere; le remord étoit empreint sur son visage. Il joignoit les mains par-dessus sa tête, & levant les yeux vers le Ciel avec un regard farouche, il frappa sa poitrine palpitante à grands coups de poing; puis plein d'un désespoir inquiet, il se jetta par terre dans le buisson, & se roula dans la poussiere. Des larmes de compassion roulèrent dans les yeux du bienheureux; ensuite son regard attendri se détourna de cette scene affreuse, & ne vit plus qu'une multitude d'Anges qui s'étoient joints à son Conducteur. Les

Esprits tutélaires de la contrée, entassés en grouppe autour de lui, s'étoient fait une joie de l'escorter par de-là les confins de l'atmosphère terrestre. Là, remplis d'un saint amour, ils embrassèrent encore les célestes voyageurs; puis ils restèrent sur une nuée vermeille, accompagnant seulement par des hymnes leur vol à travers l'Ether. La douce harmonie de la flûte & les sons argentins de la harpe, se mêloient à leurs célestes accens.

Il s'éleve, chantoient-ils en chœur, le nouvel habitant des Cieux, il s'éléve vers sa patrie: plus beau, plus resplandissant que le printems, quand il vient sur la terre environné d'une sérénité délicieuse, & de mille charmes rians. Rendez-lui hommage, brillantes Constellations dispersées dans l'immensité de l'espace; rendez hommage par votre allégresse à la terre votre compagne. Quelle gloire pour cette sphère opaque & maudite, d'avoir nourri dans sa poussiere des êtres pour le Ciel ! Quel éclat elle renvoye vers nous ! Une verdure plus fraîche tapisse ses prairies, ses collines réfléchissent une lumiere plus claire.

Il s'éléve, le nouvel habitant des cieux s'éleve vers sa patrie; des légions d'Anges l'attendent aux portes du Ciel. Avec quel ravissement ils voyent le premier du genre humain abandonner la terre pour prendre possession du Ciel! Comme ils s'empressent à le couronner de roses qui ne se flétrissent jamais! Qu'il va être heureux, lorqu'il se promenera dans les campagnes fleuries du Ciel, lorsque sous des berceaux aromatiques d'une verdure éternelle, il se mêlera aux chœurs des Esprits célestes, pour louer avec eux celui qui est la source & le principe unique du bonheur.

Nous avions déja célébré par des Cantiques, le jour solemnel où l'ame de ce Juste, descendue du Ciel, entra dans le corps pour le gouverner. Nous vîmes alors comme chaque vertu y croissoit en force & en éclat, ainsi que les lys croissent dans un jardin de délices. Nous l'avons toujours accompagnée invisiblement; quelle admirable uniformité de conduite! nous avons vu toutes ces actions, tous ses voeux, les larmes qu'il a versées. L'amour de la vertu étoit en tout son mobile & son guide. A présent qu'elle est échappée de sa prison d'argile, volez vers elle, Esprits célestes, & couronnez-la de myrtes & de roses.

Voilà sa dépouille étendue sans mouvement; la voilà comme une fleur fanée; reprens-la cette poussiere, ô terre qui l'avois fournie; qu'elle produise chaque printems des fleurs odoriférantes. A l'avenir nous célébrerons chaque année le retour de ce jour solemnel, auquel le premier Juste a quitté la terre.

L'hymne finie, les Esprits tutélaires portés sur leur nuée brillante, se rabbatirent sur la terre.

Caïn erroit dans le bocage voisin, son désespoir le faisoit courir çà & là, il vouloit fuir; mais comment fuir l'horreur qui l'accompagne ? Ainsi le voyageur que poursuit un serpent irrité avec d'horribles sifflemens, accélére en vain ses pas, & déploye inutilement sa force & son adresse pour l'éviter: bientôt l'animal venimeux, victorieux de sa résistance, lui entortille de son corps souple & long les reins & le col; & quelques efforts que fasse le malheureux pour s'en garantir, lui enfonçant profondément son dard dans le sein, lui lance son poison mortel jusqu'au cœur. Quoi! s'écrioit Caïn, j'aurai sans cesse devant les yeux la présence de mon frere sanglant! J'ai beau fuir, quelque part où je porte mes pas, son sang me suit. Que devenir ? Où me cacher, malheureux que je suis! il me semble encore le voir tourner sur moi son dernier regard; & ce regard me tue. Qu'ai-je-fait ? O crime affreux ? tu me fais éprouver les supplices de l'enfer. J'ai prétendu tuer les meurtriers de mes enfans à naître... Mais quel bruit entends-je ? il semble que ce soit les gémissemens d'un mourant ! Encore si mes pieds, qui tremblent sous moi, pouvoient m'emporter loin de lui, loin de ce sang que je vois ruisseler, loin de cette contrée où je vois la mort peinte dans tous les objets, puissent mes genoux tremblans, teints du sang de mon frere, m'entraîner, hélas ! jusqu'au fond des abîmes infernaux. A ces mots il voulut fuir.

Un sombre nuage s'abbatit avec un bruit épouvantable à ses pieds. Caïn, où est ton frere ? dit une voix effrayante, qui sortoit du nuage. Que me demande-t-on ? répond Caïn en bégayant, mon frère ! Eh bien, mon frere, me l'avoit-on donné en garde ? & il recula en arriere, le visage défiguré par une pâleur mortelle. Cepandant des flancs du nuage partit un coup de tonnerre qui consuma l'herbe & les buissons d'alentour : & des mêmes flancs ſortit un Ange, qui portoit empreintes ſur ſon front les menaces du Seigneur. Dans ſa droite flamboyoit un foudre; il étendit ſa gauche ſur le pécheur conſterné. Un nouveau tonnerre ſe fit entendre, & l'Ange dit d'un ton de voix épouvantable : Arrête, tremble, & écoute ta malédiction. Qu'as-tu fait, dit le Seigneur? Le ſang de ton frere crie vers moi, tu vas être maudit ſur la terre qui s'eſt ouverte & a bu le ſang de ton frere verſé par tes mains. Tu auras beau la cultiver, elle ſera toujours ſtérile pour toi, & tu y ſeras éternellement fugitif. Une épouvante affreuſe tenoit le pécheur muet & immobile, la tête inclinée & le viſage fixé vers la terre. Mais le fond de ſon ame étoit agité comme l'eſt l'impie athée, quand Dieu, dans ſes terribles jugemens, faiſant trembler la terre à ſes yeux, il voit s'écrouler les voûtes des temples profanés, les palais des pécheurs s'abîmer dans des gouffres profonds; lorſqu'il entend parmi le tumulte de la nature en désordre, les cris des mourans retentir à ses oreilles, & que des playes de la terre entre'ouverte, il s'éléve de sombres nuages & des flammes à l'entour de lui ; alors il se trouble, chancelle, & tombe sur la terre ébranlée. Ainsi trembla le fratricide, agité du même effroi, pâle comme un mourant, & sans voix ; il essaya de parler, & ses lévres ne purent proférer un seul mot ; il bégayoit, & n'osoit élever ses regards. Mon forfait, dit-il enfin, est trop grand.... ah ! beaucoup trop grand, pour que jamais il puisse m'être pardonné. Aujourd'hui, ô Dieu inexorable ! tu m'as maudit sur la terre, &.... où puis-je me cacher devant ta face ? Il faudra que je sois toujours errant & fugitif. Puisse le premier qui me rencontrera me tuer, & débarrasser la terre d'un infâme meurtrier.—

Qu'une vengeance sept fois plus terrible tombe sur celui qui te tuera, dit la voix tonnante. La sombre inquiétude, &

les remords rongeurs empreints ſur ton front, te déſigneront aſſez, pour que tous ceux qui t'envisageront puiſſe dire : Voilà Caïn le fratricide, & quitter promptement le ſentier que tes pieds errans auront tracé. Ainſi l'Ange annonça l'anathême au criminel, & diſparut ; des coups de tonnerre furieux partirent du nuage qui s'éloignoit, un tourbillon qui mit les buiſſons d'alentour en pieces, rendit d'horribles hurlemens, tels que ceux d'un criminel, qui ſe déſeſpére au milieu des ſupplices les plus affreux.

Caïn reſtoit immobile, le déſeſpoir peint dans les yeux : des vents furieux agitoient ſa chevelure hériſſée ; il leva ſes regards, couverts par des ſourcils épais, émû d'une crainte farouche, & s'exprima ainſi : Que ne m'a-t-il anéanti, entiérement anéanti, pour qu'il n'y eût plus de trace de moi dans la création ! Que ſa foudre ne m'a-t-elle atteint ? Que ne m'a-t-elle enfoncé dans les profondeurs de la terre ? Mais il veut me réserver à des châtimens sans fin. Me voilà dans cette attente détesté sur toute la terre, en horreur à toute la nature,... en horreur à moi-même !.... Ah ! déja je les sens, ces compagnes odieuses du crime qui ne me quitteront plus ; l'anxiété, le désespoir, les remords, qui... me tenant éloigné de Dieu, des hommes, me feront éprouver sans cesse, dès ce monde même, des tortures infernales. Oui, je les sens. Maudit sois-tu, bras trop obéissant, qui as soulevé la massue pour le meurtre ; puisses-tu sécher sur mon malheureux corps, comme une branche séche sur l'arbre ! Maudite soit l'heure, où un songe sorti de l'enfer m'a déçu ! Que les campagnes mugissent toutes les fois que le soleil renaissant te ramènera...... O nature ! que ne montres-tu par des signes hideux ton horreur pour moi !... Tu es maudite toi-même par-tout où je porte mes pas. Et toi, monstre infernal, de qui vient

vient le songe qui m'a perdu, où es-tu, que je te maudisse ? Es-tu retourné aux enfers ? Ah ! puisses-tu y santir sans fin ce que je sens en cet instant : je ne te puis rien souhaiter de pis. Spectacle affreux ! je vois... des tourbillons de flammes s'élever de l'enfer ! Comme les démons jettent leurs regards sur moi d'un air satisfait ! Ah ! triomphez, Esprits de ténèbres ; soyez contens, on ne peut pas être plus malheureux que je le suis.... Oui, si vous pouvez encore sentir la pitié, que mon état vous l'inspire. Nul de vous ne souffre au fond des enfers ce que je souffre. Après ces mots, Caïn s'étoit traîné vers une souche couchée à terre ; il s'y assit sans force & sans voix. Il rêvoit profondément, lorsque tout-à-coup il s'écrie en frissonnant : Quel bruit entends-je près de moi ?.... C'est la voix d'Abel massacré ; ah ! j'entens ses cris plaintifs ; voilà son sang qui ruisselle ! O mon frere ! par pitié pour mes tourmens inexprimables, cesse de me persécuter. Et il continua de rester assis en poussant de profonds soupirs, sans force & sans parole.

Cependant le pere des humains accompagné de son épouse, sortit de sa cabane. Avec quelle majesté le soleil du matin lance ses premiers rayons, dit Eve! Comme il dore & éclaire le léger brouillard qui couvre au loin les campagnes! Avançons dans cette belle Contrée, & promenons-nous à la rosée, jusqu'à ce que l'heure du travail me rappelle dans la cabane, & toi dans les champs. O mon bien-aimé, que la terre est belle, toute maudite qu'elle est! Elle l'est autant comparée au Paradis que nous avons perdu, hélas, par ma transgression, que tu l'étois dans tes jours pleins d'innocence, en comparaison des Anges qui venoient nous rendre visite. Regarde, cher époux, comme toutes les créatures se réjouissent, comme leurs chants se font entendre de chaque buisson, de chaque colline;

comme chaque animal domestique s'égaye autour de la cabane, en saluant les rayons du matin, soit par des accens joyeux, ou par des bonds récréatifs.

Adam lui répondit : O Eve, la terre est belle : quoiqu'elle soit maudite, elle porte pourtant les traces toujours visibles de la présence de Dieu & de ses bontés infinies, que ni notre chûte, ni notre ingratitude n'ont pû tarir, quelque indignes que nous fussions d'en éprouver encore les effets. Oui, sa miséricorde & son indulgence propice, sont supérieures à tout ce que notre langue foible & débile peut exprimer, à tout ce que notre ame est capable de concevoir. Ma bien-aimée, allons jusques dans les prés fleuris, où le troupeau d'Abel foule la rosée, peut-être y trouverons-nous ce fils chantant religieusement un cantique à la louange du Créateur.

Je veux, mon bien-aimé, dit Eve, te faire la confidence d'une idée qui m'est venue dans l'esprit dès le lever du soleil. J'ai mis les plus beaux de mes raisins secs, & des figues choisies parmi mes plus exquises, dans ce panier que voici. J'irai, me suis-je dit, trouver Caïn mon premier né ; je lui porterai ces fruits pour le rafraîchir, lorsqu'après son travail il ira se reposer à l'ombre de quelque arbre voisin. Car je me flatte, cher époux, que le Ciel bénira tous les pas, toutes les démarches par où nous le pourrons guérir de cette noire idée à quoi il s'attache, qu'il n'est pas aimé de nous.

Que tes tendres soins sont attentifs, chere Eve ! dit Adam, je goûte comme je le dois tes sages conseils. Je le veux bien, allons trouver Caïn, qu'il ne dise pas que nous ne chérissons qu'Abel ; peut-être la sérénité de ce beau matin rendra son coeur plus ouvert aux impressions de la tendresse. Tout en disant ces derniers mots, ils doublèrent le pas, & Eve tenant toujours le panier à son bras, ils s'avancèrent tous deux vers la campagne en se donnant la main. Et ils redisoient en marchant : Quel bonheur ce seroit, si dans ces instans favorables où la nature riante semble réveiller les sentimens, nous lui en trouvions de conformes à nos désirs !

Ils sortoient de derriere un boccage, Eve la premiere. Qui est étendu-là, dit-elle, en reculant pleine d'effroi ?.... Adam.... qui vois-je étendu-là ?.... Ce n'est pas quelqu'un qui se soit mis à son aise pour reposer ; il a le visage renversé contre terre..... Cette blonde chevelure est celle d'Abel.... Adam, ah ! pourquoi est-ce que je frissonne ?.... Abel ! Abel ! reveille-toi, mon bien-aimé, tourne vers moi ton visage gracieux, ce visage où est peinte la tendresse filiale : réveille-toi, cher fils, secoue ce sommeil qui me glace d'effroi. A ces mots, ils s'approchèrent de plus près. Que vois-je ? s'écria Adam, & il recula en frissonnant ? du sang.... Il coule du sang de son front.... sa tête en est inondée.... O Abel ! ô mon cher fils ! s'écria Eve, en soulevant son bras roide, & elle tomba pâle & à demi-morte sur le cœur palpitant d'Adam. Ils étoient tous deux sans voix par l'effet du saisissement, lorsque Caïn, qui erroit désespéré dans le boccage, sans savoir où tendoient ses pas, les tourna par un triste hazard du côté du mort : & voyant autour du cadavre, le pere immobile d'effroi, & la mere pâle & défigurée dans les bras de son époux : C'est moi qui l'ai tué, s'écria-t-il, tremblez, c'est moi. Maudite soit l'heure où tu m'as engendré, pere des hommes. Et toi, femme, maudit soit l'instant où tu m'as mis au monde. C'est moi qui l'ai tué, répéta-t-il encore une fois, & il s'enfuit.

Ainsi qu'un couple d'amans, unis par le sentiment de leurs perfections mutuelles, étant assis l'un près de l'autre, si dans le fort d'un orage survenu tout-à-coup, la foudre étend jusqu'à eux sa vapeur étoufsante, ils restent appuyés l'un sur l'autre, toujours assis & paroissant toujours vivre, mais n'étant plus qu'une cendre inanimée; de même nos premiers parens restoient assis, pâles, muets, & immobiles; on les eût crus morts, si ce n'est qu'ils trembloient de tous leurs membres. Adam sortit le premier de cette funeste léthargie. Où suis-je, dit-il, d'une voix entrecoupée; quel frisson me glace jusqu'aux viscéres? Mon Dieu! mon Dieu! en quel état le voilà étendu! Ah! malheureux, ah! déplorable pere que je suis! Quelle horrible épouvante a frappé mon ame? Elle met le comble à mon infortune. C'est son frere qui l'a tué, il l'a dit en nous maudissant, & s'est enfui. Que n'achevez-vous, ô affreuses images, de m'accabler? Celui qui vient de me maudire est mon fils; celui qui nage ici dans son sang est aussi mon fils. Misérable que je suis! que de maux, que de tourmens j'ai attiré sur moi & sur les miens, O Abel! Abel!... Et toi, Eve, tu ne te reveilles pas, pour sentir toute l'étendue de tes malheurs ? Es-tu morte dans mes bras ? C'est donc moi, c'est moi seul qui reste en proye à la désolation. Cependant, ô mon Dieu, je loue & bénis tes décrets. Mais voici le froid de la mort qui gagne le long de mes veines, jusqu'à mon cœur palpitant. Mes yeux s'éteignent, tu différes, ô mort de me frapper de ce que tu as de plus horrible! Qu'attends-tu ?... O Dieu!... O Abel!... le meilleur des fils! puis laissant retomber ses regards sur le cadavre, il pleura; une sueur mortelle couloit avec ses larmes. Tu te réveilles enfin, chere Eve, continua-t-il ? Que de maux affreux ton retour à la vie va te rendre! Tes yeux se r'ouvrent, ils se tournent vers moi. Quel regard au milieu de tes larmes, ô compagne précieuse dans ma misere!

Adam, reprit Eve, d'une voix mourante... le meurtrier se seroit éloigné ? Je n'entends plus retentir ses malédictions à mes oreilles. Il nous a maudits ; ah! maudis-moi encore, fratricide féroce : mais ne maudis que moi. Malheureuse que je suis ! j'ai péché la premiere !.... O Abel ! fils si tendrement aimé ! A ces mots elle se laissa tomber des bras d'Adam sur le mort : Mon fils, mon cher fils, crioit-elle en adressant la parole au cadavre refroidi. O Dieu ! ses yeux immobiles ne se tournent plus vers moi. Mon fils, mon fils, reveille-toi ; hélas ! je l'appelle en vain. Il est mort. Voilà la mort, cette mort qui nous a été annoncée lorsque nous fûmes maudits après le péché. Mais, ô remords cuisans, ô tourmens inexprimables ! c'est moi qui ai péché la premiere. O toi, mon époux, époux précieux, chacune de tes larmes est pour moi un reproche terrible ; ce fut moi qui te séduisis, qui te fis pécher ; demande-moi le sang de ton fils, ô pere éploré ! Malheureux enfans, redemandez-moi votre frere. Et toi, parricide, qui nous l'as ravi, maudis-moi ; mais épargne ton pere, c'est moi qui ai péché la prémiere. O mon fils ! mon fils ! tong sang s'éleve contre moi ; il m'accuse, mere infortunée que je suis ! Elle se lamentoit ainsi, & arrosoit le cadavre d'un torrent de larmes.

Adam regardant son épouse avec des yeux remplis de douleur : Chere Eve, dit-il, tu fais souffrir à mon cœur des peines inexprimables ; cesse je t'en conjure, par nos malheurs, par cet amour si tendre que j'ai pour toi, cesse de me déchirer par les reproches que tu te fais à toi-même ; ils me tourmentent, ils m'accablent. Nous avons péché l'un & l'autre, il est vrai, les suites amères de notre prévarication ne nous en font que trop souvenir : cependant ce Dieu que nous avons offensé, ce Dieu qui nous châtie, jette encore ses regards d'en haut sur nos tribulations. Oui, mon Dieu, tu nous permets sur cette terre maudite, de t'implorer dans nos désastres. Tu n'as pas entierement anéanti le pécheur. Nous vivons, Eve : la mort n'attentera pas à nos ames, elle n'a de pouvoir que sur leurs dépouilles; l'ame survivra au corps, & si elle a été vertueuse, des récompenses éternelles l'attendent.... C'est sans doute une consolation. Mais, hélas ! massacré par son frère ; ah Dieu ! c'est son frère qui l'a massacré.

Oui, cher fils, s'écria Eve ! & ses larmes recommencèrent, la mort t'a ouvert une issue pour sortir de cette vie de tribulation, ne devrions-nous pas souhaiter de te suivre ? Hélas ! nous restons en proye aux peines dont elle t'a délivré. Comme la voilà étendue, cette dépouille sanglante ! Ces ris que faisoit éclore la tendresse filiale, ont abandonné ses joues à présent flétries, livides, & souillées de son propre sang ; sa bouche ne nous entretiendra plus des discours des Anges ; son oeil terne ne versera plus ces larmes de joye, qu'il repandoit lorsque je lui laissois voir les marques de cet amour inexprimable que m'inspiroit sa vertu. Ah ! dans quel abîme de maux sommes-nous tombés ! O péché, péché, que tu es affreux à contempler ! sous quelles formes hideuses tu nous apparois ! Cher Abel ! ta mere, ta malheureuse mere.... Je la suis aussi de ton assassin, Abel, mon bien-aimé ! Et la parole lui manquant, elle resta étendue, sans mouvement, sur le cadavre glacé du mort. Elle y demeuroit sans donner aucune marque de sentiment, lorsqu'Adam interrompit ce silence, en s'écriant : Comme me voilà abandonné ! Comme tout est désert est lugubre autour de moi ! Toute la nature me semble avoir changé de face ; je ne vois plus dans ce qui m'environne qu'une consternation générale. Il est mort, hélas ! celui qui remplissoit ma vie de consolation, de doux plaisirs, d'espérances heureuses. Il n'est plus, le soutien sur lequel se fondoit tout mon espoir, il n'est plus. O toi, cher

Abel ! est-il donc vrai que tu sois mort ? Est-il bien vrai que ce soit Caïn. . . . , ce monstre fugitif, l'horreur de la nature, qui.... Grand Dieu, qui vois notre désolation extrême, pardonne si nous nous lamentons, si nous nous traînons dans la poussiere, comme le vermisseau, (& que sommes-nous autre chose devant toi) si nous nous traînons dans la poussiere comme le vermisseau, à qui le passant a écrasé la moitié du corps contre une pierre !

Ces mots finis, il demeura pâle & muet, comme une statue qui représente la désolation sur un tombeau couvert de mousse & entouré de cyprès. Il tourna la tête vers l'endroit fatal ; un silence effroyable, inquiet, regnoit à l'entour ; puis il se traîna vers Eve, & retira sa main défaillante du cadavre, en la serrant ardemment contre son sein. Eve, ma chere compagne, dit-il, en se baissant vers elle, reveille-toi, chere épouse, réveille-toi. Tourne ton visage sur moi, retire-le de ce cadavre que tu as assez arrosé de larmes; ne succombe pas sous le poids de ta peine. Ta douleur étouffe-t-elle toute tendresse, tout souvenir pour moi, pour ton époux? Ah! leve ton visage sur moi, chere épouse. Il est juste que nous sentions les frayeurs inexprimables de la mort, les suites fatales de notre chûte: mais de nous traîner avec abbattement dans la poussiere, c'est péché; il semble que ce soit reprocher à la Justice éternelle de nous avoir trop punis. Laisse affoiblir, ô Eve! ce désespoir excessif auquel tu t'abandonnes, de crainte que la miséricorde divine ne nous juge indignes par notre révolte, de toute espece de consolation. Eve aussi-tôt détournant son visage du cadavre, le tourna vers Adam; puis levant au Ciel ses yeux humides de larmes: O Dieu, pardonne-moi, malheureuse que je suis! pardonne-moi, ô mon bien-aimé? Ma douleur est inexprimable. Tu m'aimes pourtant encore, moi qui suis la cause du forfait que nous déplorons du fratricide, de ce sang versé. Adam, ah! laisse-moi pleurer sur ta main, sur ce cadavre; laisse-moi mêler mes larmes à ce sang..... Elle dit, & pressa son visage arrosé de larmes sur la main d'Adam.

Ils pleuroient & se lamentoient ainsi tous deux, appuyés l'un sur l'autre, lorsqu'une figure éclatante traversant la campagne, s'avança vers eux. Les fleurs odorantes qui naissoient à chaque pas, marquoient les traces légeres de ses pieds, son front serein annonçoit la paix, l'amitié consolante étoit exprimée par la douceur de ses yeux, & par les traits rians de sa bouche & de ses joues: un vêtement blanc, plus brillant que les nuées de couleur argentine, qui environnent l'astre de la nuit, se jouoit sur cette taille légère & déliée, en plis ondoyans. Ainsi avançoit la figure céleste, ranimant à l'entour toute la Contrée,

Eve, dit Adam, leve tes yeux noyés de larmes, étouffe tes soupirs; vois cette figure céleste s'approcher, vois avec quel air d'affection & de bonté elle s'avance. Déja la consolation porte son flambeau dans les ténébres de ma détresse. Ne pleure pas, Eve; leve-toi, allons au-devant du céleste messager. Eve s'appuya sûr son époux, & l'Ange se trouva devant eux.

Il fixa quelque tems le premier mort: mais bien-tôt il ramena ses regards d'un air affectueux sur Adam & sur Eve. L'éclat qui l'environnoit illumina les deux époux. Puis il leur dit avec une voix douce & harmonieuse: Soyez bénis, ô vous qui pleurez ici, près de la dépouille de votre fils; soyez bénis: Le Tout-puissant a daigné me permettre de vous visiter dans votre désastre. Parmi les Anges qui environnent les mortels sur cette terre, aucun n'a aimé votre fils plus tendrement que moi; toujours j'étois à ses côtés, quand les ordres du Très-haut ne m'obligeoient pas de m'en éloigner. Lorsque sa belle ame portant jusqu'à l'enthousiasme son goût vif pour la vertu, s'épanchoit en larmes de joie, ou en cantiques, que les Anges de la contrée répétoient dans leursconcerts; c'étoit moi qui lui inspirois des pensées d'Anges, au moins celles dont peut être susceptible une ame ensévelie dans la poussiere. Ne vous désolez pas, comme s'il n'existoit plus du tout : puisque son ame, qui est immortelle, survit, vous ne devez pas être inconsolables. La mort n'a fait que la dégager des liens accablans du corps : elle va jouir sans obstacle & sans interruption, de tout ce que peut désirer un être vertueux, sage, curieux des grandes vérités. Son bonheur est au-delà de tout ce que peut comprendre une ame qui ne voit rien encore que par l'entremise des sens. Il est avec les Anges près du trône de Dieu. Pleurez-le, mes bien-aimés : mais que votre douleur ne soit point inconsolable. Vous ne serez séparés de lui que peu de tems ; bientôt la mort viendra vous enlever aussi. Elle se présentera, il est vrai, à chacun de vous, sous diverses formes : mais vous la recevrez tous, ainsi que doivent faire des ames religieuses, comme un ami long-tems attendu. Pour toi, Adam, voici ce que l'Eternel t'ordonne ; « rends ce corps corruptible à » son origine, creuse une fosse, & » couvre-le de terre. » Tels furent les discours de l'Ange, il les envisagea avec affection, & son regard arracha de leurs ames l'excès de la désolation. C'est ainsi que l'onde pure d'une claire fontaine rafraîchit le voyageur fatigué ; lorsqu'après avoir long-tems foulé les sables brûlans des déserts, il est prêt à tomber en défaillance par l'ardeur de la soif : mais dès qu'il a puisé dans la source cristalline qui coule avec un doux murmure, il se repose plein de satisfaction sur les bords, &

sent ses forces renaître. Puis suivant son cours gasouillant qui le conduit dans une contrée agréable, où la nature soûrit avec toutes ses graces; il arrive enfin à la maison du pere de famille, qui le reçoit sous un ombrage frais, & l'accueille avec largesse & bonté.

L'ame réconfortée par des sentimens nobles & élevés, Adam jetta ses regards sur l'éclat éblouissant de l'Ange. Nous te bénissons, céleste ami, lui crioit-il, tandis qu'il s'éloignoit: ô Dieu, que tu es propice & bienfaisant! Tu jette les yeux sur nous dans nos maux, & tu ordonne aux Anges de nous consoler. Quoi! ramperons-nous dans l'abbatement & le désespoir, comme des réprouvés, lorsque ta présence nous environnne de toutes parts, lorsque tu nous regardes gracieusement du haut de ton trône, lorsque les Anges de la contrée recueillent nos moindres soupirs? Notre ame se livrera-t-elle à la douleur, sans vouloir recevoir de consolation?

Immortelle comme elle est, & marchant au-devant d'une béatitude infinie, lui sied-il de s'affliger de ce que son court pélérinage est semé d'incommodités? Nous devons, il est vrai, des larmes à notre bienheureux fils, nous sommes privés de ses embrassemens dans cette vie : mais nous en devons bien plus au pécheur. O Dieu, quelle joie mon ame éprouveroit si tu ne la bannissois pas entierement de devant ta face ! Il est le premier sorti de mes reins; il est le premier qu'Eve enfanta avec douleur. Chere Eve, crois que si nous implorons Dieu pour lui, sans nous rebuter, ce Dieu est assez bon pour exercer sur lui sa miséricorde. Si nous en doutions, nous serions indignes de la bonté infinie par laquelle il nous a fait grace à nous autres pécheurs; indignes des promesses ineffables qu'il nous a faites, lorsque prosternés dans le plus humble abbaissement nous attendions, non pas des promesses pour l'avenir, mais pour l'instant même, un jugement foudroyant. Ne différons pas, Eve, d'obéir aux ordres du Très-haut ; je vais porter ce cadavre à notre cabane, & rendre à la terre la poussiere du bienheureux. Mon bien-aimé, dit Eve, mon ame se sent un peu soulagée de son abbatement ; continue de me soutenir par tes consolations magnanimes, par ta vertu plus forte que la mienne. Ma foiblesse s'attache à toi comme le liere à la tige des arbres. Adam prit le cadavre sur ses épaules, pleurant sous ce triste fardeau, & Eve sanglottoit à son côté, ce fut ainsi qu'ils arrivèrent à la cabane.

LA MORT D'ABEL.

CHANT CINQUIEME.

Après un sommeil troublé par de noires visions, Thirza r'ouvroit ses yeux à la lumiere du jour, elle quitta précipitamment son lit couvert de peaux de bêtes. Ainsi se leve un voyageur à demi éveillé : qui, excédé de fatigue, s'étoit couché sous le ceintre d'un roc caverneux, lorsque son Ange bienfaisant lui a représenté en songe que le roc fondoit sur sa tête, il se retire en tremblant, & entend avec effroi, l'instant d'après, le roc s'écrouler en éclats. Il y a laissé, en se sauvant, le compagnon de son triste voyage; & il ne sait pas encore que le malheureux est accablé sous les ruines. Quels fantômes terribles ont, dit-elle, passé devant moi en songe ? Quels spectres lugubres ! je ne sais rien qui leur ressemble dans la nature. Graces te soient rendues, aimable clarté du jour, tu les as dissippés de devant ma vue. Belles fleurs qui m'entourez, parterres émaillés qui faites mes soins les plus agréables, vos parfums divers, exprimés par la douce chaleur du matin, vont rafraîchir mon cerveau fatigué. Et vous, ô joyeux habitans de l'air, vos tendres accens vont rétablir la sérénité dans mon ame. Ma voix va se mêler à vos ramages; mes louanges & mes actions de graces s'exhaleront avec celles de toute la nature réparée. « Créateur Tout-puissant, Sau» veur propice, mon ame confondue par

» tes bontés, n'exprime qu'imparfaitement l'immensité de tes bienfaits, & la grandeur de ma reconnoissance. Ta providence veille sans cesse, tandis que les voiles de la nuit & les pavots du sommeil sont appésantis sur nos yeux. Ah! que mes louanges & mes actions de graces se mêlent avec celles de toute la nature réparée! » A ces mots elle sortit de la cabane, & s'avança vers les fleurs qui venoient d'être épanouies: les zéphirs du matin leur ravissoient leurs premiers parfums. Mais, continua-t-elle, pourquoi donc cette sombre tristesse qui, malgré moi, me pénètre jusqu'au fond de l'ame? Je frissonne intérieurement. Qui peut me causer un serrement de cœur si extraordinaire? Il me semble voir des nuages obscurs qui s'avancent sous l'horison en masses énormes, semblables à des montagnes; à leur aspect toute la nature se taît, & les campagnes contristées frémissent dans l'attente d'un orage affreux.

affreux. Où es-tu, Abel? chere moitié de mon ame, je cours me jetter dans tes bras, poursuivie par de noirs soucis, comme on court à travers un bois épais & solitaire, pour regagner la plaine lorsqu'on est accéléré par la peur.

Et tout en disant ces mots, elle doubloit le pas, lorsque Mehala sortant de sa cabane, alla à sa rencontre. Je te salue, ô ma chere sœur, lui cria-t-elle, où vas-tu avec tant de hâte? Pourquoi ses cheveux épars, où tu n'as daigné entrelacer aucune fleur, aucun ornement?

Je cours, dit Thirza, me jetter dans les bras de mon bien-aimé; des frayeurs extraordinaires m'ont inquiétés pendant mon sommeil, & encore à présent elles me pénétrent jusqu'au fond de l'ame; la sérénité du matin ne les a pas dissipées: mais ce que n'a pû faire une belle aurore printaniere, ce que n'a pû faire l'aspect riant de la nature dans son plus grand éclat; la présence de mon bien-aimé le fera; je cours me jetter dans ses bras.

A ces mots, l'épouse de Caïn dit en soupirant : hélas ! je n'ai pas cette douceur : je ne puis tirer de consolation que de mon pere, qui m'aime, de ma mere qui me chérit aussi, de toi, Thirza, & de ton époux. Oui, c'est près de vous que je dépose les soucis inquiets que le mécontentement de Caïn accumule sur ma tête. La belle nature ne lui inspire, que la mélancolie ! Il regrette les travaux qu'il lui faut supporter pour rendre ses champs fructueux : mais ce qui me fait le plus gémir, c'est sa haine invétérée pour son frere !

Mehala se mit à pleurer, & sa sœur pleurant aussi, l'embrassa tendrement & lui dit : Que de larmes amères cette idée fait verser à mon époux & à moi, pendant les intervalles d'insomnies que nos chagrins nous occasionnent ! Notre ressource est de lever nos mains au Ciel, & d'implorer le Tout-puissant ; ah ! puisse un rayon de sa bonté, dissiper les sombres nuages de ce cœur où croît une odieuse ivraye, qui étouffe tout principe de vertu! Alors le doux repos refleurira autour de nos cabanes, & le chagrin ne ternira plus le front de notre pere, ni celui de notre tendre mere, que la dureté de leur fils aîné accable de douleur.

Mehala reprit en pleurant : » Ah! c'est-
» là, c'est-là aussi le sujet de mes prieres.
» Hélas! combien de fois m'arrive-t-il
» de passer plus de la moitié des nuits à
» pleurer avec sanglots pour mon époux,
» & à prier le Seigneur à voix basse, de
» lui amolir le cœur! Mais s'il arrive
» que ma priere & mes sanglots s'exhalent
» assez haut pour le réveiller à mon côté,
» alors sa voix foudroyante me glace d'é-
» pouvante, il me reproche que je trouble
» son repos, l'unique bonheur que Dieu
» irrité lui laisse goûter sur cette terre
» maudite. Hélas! Thirza, voilà ce que
» je demande sans cesse au Ciel, occupée
» dans la cabane aux affaires domestiques;

» mes jeunes enfans pleurent autour de
» moi, en voyant couler mes larmes, &
» me demandent dans leur langage en-
» fantin, qu'ils accompagnent d'innocen-
» tes caresses, pourquoi je pleure. Hélas,
» Thirza ! je dépéris par la douleur,
» comme une fleur à laquelle des arbres
» trop pressés interceptent la rosée rafraî-
» chissante & les rayons échauffans du so-
» leil. Aujourd'hui encore, lorsqu'il est
» sorti de la cabane avant l'aurore ; ah,
» qu'il étoit terrible ! Jamais la mélanco-
» lie n'avoit été si fortement empreinte sur
» son front ; la fureur étinceloit dans ses
» yeux, sous l'abri de ses sourcils épais. En
» passant le seuil de la porte je l'enten-
» dois, & j'en frissonnois d'horreur : je
» l'entendois s'exhaler en imprécation,
» & maudire l'heure de sa naissance ; c'est
» ainsi qu'il saluoit l'aube matinal. Il est
» vrai, Thirza, comme tu en as été témoin
» plusieurs fois, que ses principes de vertu
» redevenant les plus forts, étouffent

» ces idées ténébreuses, & rendent le
» calme à son ame. Alors il nous demande
» pardon de nous avoir offensées ; mais,
» hélas ! bientôt cette foible lueur se
» dissipe, ainsi que dans les jours sombres
» de l'hyver, le soleil perce avec peine
» l'épaisseur des nuages, qui bientôt se
» rejoignent & le cachent à nos yeux.
» Espérons pourtant qu'à la fin la sérénité
» du printems les écartera entiérement ;
» ne cessons jamais de le demander à Dieu.
» Pour moi je nourris toujours cette es-
» pérance au fond de mon cœur «.

Tandis que Mehala parloit, Thirza écoutoit, en pâlissant du côté du bocage. Quels accens lugubres entends-je venir du côté des arbres, dit-elle toute frissonnante ?.... Jamais douleur ne s'est exprimée par des plaintes si vives : ma sœur, c'est du côté de ces arbres.... Mehala, hélas ! cette scène désolante semble s'approcher d'ici.... O Dieu !.....à ces mots Thirza tomba défaillante dans les bras de sa sœur

Adam d'un pas chancelant sortoit de derriere les arbres, il portoit sur ses épaules le triste fardeau, le corps de son fils ; Eve, la tête panchée, marchoit à côté de lui ; tantôt elle tournoit son visage, flétri par la douleur, du côté du cadavre sanglant, tantôt elle l'enveloppoit dans sa chevelure innondée de pleurs.

Couverte d'une pâleur mortelle, Thirza étoit restée immobile dans les bras de sa sœur ; Mehala s'avanouit aussi sous le fardeau qu'elle soutenoit ; ses jambes chancelantes manquant sous elle, sa foiblesse, jointe à sa charge, la renversa par terre. Ainsi, quand trois aimables compagnes, unies par une tendre affection, sont allées ensemble pendant une belle soirée de l'été visiter les campagnes dorées d'épis, vers le tems de la moisson ; si la foudre tombe à leurs pieds, l'effroi du coup imprévu les renverse : mais si revenues peu à peu de leur frayeur, deux d'entr'elles voyent à leur côté la troisieme en cendre, elles retombent frappées d'un nouveau saisissement, plus accablant que celui de la foudre même. Telle fut aussi la situation des deux filles d'Adam, lorsqu'en se réveillant elles virent le cadavre de celui qu'elles aimoient. Adam venoit de l'étendre sur l'herbe, & retenoit dans ses bras son épouse toujours prête à retomber à terre. Où suis-je? s'écria Thirza, ô Dieu! où suis-je?.... Comme le voilà étendu!.... Abel, ah! pourquoi faut-il que je me sois éveillée?.... Lumiere odieuse!.... ah, malheureuse que je suis!.... Mehala, ah que je suis malheureuse!...... le voilà étendu mort! ô spectacle horrible! je suis frappée comme d'un coup de tonnerre!.... lumiere odieuse! pourquoi faut-il que tu me sois rendue?

Thirza, s'écria Mehala d'une voix tremblante!.... ah! ne te laisse pas accabler de l'idée funeste qui me terrasse moi-même!... Ah, Thirza! tu retombes encore!...

réveille-toi, Thirza, approchons-nous ; nous ne sommes pas encore certaines de notre malheur : il n'est pas mort..... approchons-nous ; ta voix, tes embrassemens le réveilleront.

Après ces mots, les deux sœurs s'étant appuyées l'une sur l'autre pour se relever, se traînèrent tremblantes & sans force jusques vers le cadavre. » O mon pere, ô » ma mere ! comme ils fondent en larmes !... » Quels frissons me saisissent !.... s'écria » Thirza, en se trouvant près du cadavre... » Abel !... Abel... mon bien-aimé ! cher » époux, mon bonheur, ma vie, mon » tout ! réveille-toi... Ah, malheur ex» trême ! tu ne te réveilles pas. Abel.... » entends mes cris plaintifs, entends les » cris de ton épouse ». Puis elle se précipita sur le cadavre, & voulut l'embrasser, mais elle recula épouvantée, en poussant un cri aigu, après avoir vû sa blessure, & le sang qui lui couvroit le front. Elle étoit à terre, sans voix, sans mouvement, sans apparence de vie, pâle & froide comme un marbre inanimé. Le désespoir étoit peint dans ses yeux ouverts & fixes. Mehala pleuroit à côté d'elle, & les mains jointes, elle levoit vers le Ciel ses yeux noyés de larmes, qu'elle rabattoit de moment à autre vers le cadavre.

Adam sentit sa douleur augmentée par celle de ses filles, & essaya de les consoler. O mes bien-aimées, ô Mehala, ô Thirza, leur dit-il, que ne puis-je appaiser vos maux! Prêtez-vous, je vous en conjure, à mes consolations. Pendant que nous pleurions nous-mêmes, désespérés auprès de ce cadavre, Eve & moi, un Ange revêtu d'une beauté céleste, est venu à nous, ayant commission d'en-haut pour nous consoler. Pleurez, nous a-t-il dit, mais ne soyez pas inconsolables. Vous ne devez pas le regarder, comme n'existant plus du tout : remettez à la terre cette poussiere qui a servi d'enveloppe à son ame. Quant à l'ame même, la voilà dégagée des liens du corps ; il est heureux plus heureux, que ne peut le concevoir une ame encore environnée de son limon terrestre; vous ne serez séparés de lui que pour un court-espace de tems, après lequel lui étant réunis, vous goûterez avec lui des torrens de délices, dont les sens charnels & grossiers ne sauroient vous donner une idée. Ah! mes bien-aimées, ne profanez pas les funérailles du Bienheureux par des plaintes inconsolables.

Tandis que Thirza restoit toujours sans mouvement & sans voix, l'épouse de Caïn joignant ses mains au-dessus de sa tête, exprimoit sa douleur en ces termes: O mon pere! est-ce que tu voudrois nous interdire les pleurs? Quelle vue affreuse que ce cadavre tristement étendu! O toi, notre consolation, notre joie, ô Abel! tu nous es donc ravi pour toujours; & notre occupation la plus douce sera de pleurer sur toi jusqu'à l'heure de notre mort. Oui, te voilà en possession de cette béatitude, dont l'attente t'a fait verser tant de saintes larmes, & après laquelle je soupire à présent plus que jamais. Voilà que nous gémissons de ta perte, dans ce triste exil où nous vivons ! Tu nous as été enlevé; & notre plus douce occupation sera de pleurer sur toi jusqu'à l'heure désirée de notre mort. Caïn, Caïn, où étois-tu lorsque ton frere est mort ? Ah ! si tu l'avois embrassé auparavant avec une tendresse fraternelle, si tu avois alors imploré le secours de ses saintes prieres, avec quelle affection il t'auroit encore serré dans ses bras défaillans, & béni de ses lévres mourantes ! Quelle douce consolation, quel heureux soulagement c'eût été pour toi à l'avenir ! Mais..... ô ma mere..... quelle nouvelle douleur te rend défaillante ?..... Tu te fais... tu parois frissonner d'horreur...... mon pere, quelle consternation se répand sur ton visage ? Funeste pressentiment ! Où est-il, le savez-vous, ô mon pere, le savez-vous, ma mere ? Où est Caïn : où est mon époux ?

Eve abbatue s'écria : Qui sait jusqu'où le poursuit la vengeance divine ? Ah, Dieu ! le malheureux ! C'est... mais que vais-je dire ? je tremble de parler..., malheureuse mere que je suis ! affreuse & détestable idée, ne tourmente que moi, déchire mon sein comme le feu d'enfer ! Ah ! mere infortunée, pourquoi... Mehala saisie, s'écria : Laisse éclater, ô ma mere, laisse éclater sur moi le fatal orage, aussi bien mes soupçons m'arrachent déja les entrailles. O mon pere, ô ma mere, ne m'épargnez plus, Caïn auroit-il.... ah, parlez, je vous en conjure !.... Il l'a tué, Mehala, Thirza, il l'a tué, s'écria Eve ; & aussi-tôt l'excès de sa douleur lui ôte l'usage de la parole.

L'épouse de Caïn étoit frappée d'une terreur muette, ses yeux immobiles ne versoient point de larmes, une sueur froide couloit de son front, ses levres décolorées trembloient, puis elle s'écria : Il a tué Abel ! Caïn, mon époux, a tué son frere ! O crime horrible !.... Où es-tu, fratricide ? où... où ton forfait te poursuit-il ?.... Le tonnerre de Dieu a-t-il vengé ton frere ? N'existes-tu plus, malheureux ? Ou si tu existes, où es-tu à présent ? Quelles contrées le désespoir te fait-il parcourir. Ainsi se lamentoit Mehala en s'arrachant les cheveux.

Barbare fratricide ! s'écria Thirza ; ah !.... comment a-t-il pû massacrer ce bon, ce vertueux frere, qui, sans doute, sous le coup mortel, l'aura regardé avec des yeux pleins d'amour ? Ah, Caïn ! maudit.... maudit soit... O ma sœur ! ô Thirza ! ne le maudis pas, s'écria Mehala, ne le maudis pas : c'est ton frere, c'est mon époux ; implorons bien plutôt la miséricorde de Dieu sur lui. Je suis sûre qu'en tombant ensanglantée, la sainte victime de sa fureur a jetté des regards de compassion sur lui, qu'il l'a béni ; & qu'à présent, prosterné devant le trône de l'Eternel, il demande grace pour lui. Ne le maudis pas, Thirza, ne maudis pas ton frere ; que nos prieres s'élévent de la poussiere, & se joignent à celles du Bienheureux.

Où m'emporte l'excès de mes maux, repartit Thirza, je ne l'ai pas maudit, Mehala, je ne l'ai pas maudit : le malheureux !.... A ces mots elle tomba sur le cadavre ; elle baisa ses joues inondées de sang, & ses lévres froides & livides : elle demeura long-tems ensévelie dans une douleur muette, puis elle s'écria d'une voix entrecoupée : Ah que n'ai-je pû, lorsque tu tombois, baiser encore tes lévres pâles, entendre encore de ta bouche les expressions de ton amour ? Ton oeil mourant se seroit encore tourné vers moi, peut-être.... (& plût à Dieu que cela me fût arrivé) peut-être aurois-je expiré en t'embrassant pour la derniere fois. Que ne puis-je encore à présent te suivre, que mon corps n'est-il étendu sans vie à côté du tien ? Mais je te survis, hélas ! pour être en proie à des maux inexprimables. Berceaux, qui me fûtes si agréables, vous m'inspirerez désormais la terreur ; je croirai vous entendre me redemander celui qui, sous vos cintres ombrageux, m'embrassoit avec de si vifs transports ? Les fontaines murmurantes me paroîtront gémir de sa perte. Pauvre délaissée, je ne vais plus faire que pleurer mon désastre, soit à l'ombre des bocages, ou sur le bord des ruisseaux. Il m'échappe, hélas ! je l'ai perdu pour jamais. Ah ! Dieu.... je verrai toujours ces yeux éteints, immobiles, cette pâleur mortelle, ces joues livides ; ce sang qui teint son front. Ah ! coulez mes larmes, coulez sans mesure sur ce corps flétri ! Hélas ! c'étoit par sa beauté le plus digne logement d'une si belle ame. Il m'honoroit trop, en descendant jusqu'à m'embrasser. Comme la vertu y brilloit par des traits visibles qui la rendoient aimable ! comme elle éclatoit dans ses yeux, comme elle souriolt sur ses joues & sur ses lévres ! Maintenant elle s'est échappée de ce corps, trop pure, trop sainte pour commercer avec les mortels, & singulierement avec moi. Ah ! coulez mes larmes, coulez sans mesure sur cette enveloppe flétrie, jusqu'à ce que mon ame, empressée de le rejoindre, laisse sa poussiere auprès de la sienne.

C'étoit ainsi que Thirza se lamentoit, arrosant le cadavre de ses larmes. Eve sentit sa douleur augmenter par celle de ses filles. O mes enfans, s'écria-t-elle, je ne suis pas moins sensible à votre affliction qu'à la mienne propre : vos lamentations me déchirent l'ame. Vos plaintes sont pour moi des reproches rongeurs.... Elles me rappellent que c'est moi qui ai introduit le péché, la malédiction & la mort dans le monde. Ah ! pardonnez-moi, mes enfans, pardonnez à votre malheureuse mere qui vous a enfantés avec douleur. Ses filles attendries, lui embrassant les genoux, lui dirent affectueusement : O Eve, notre mere, par cette douleur même que tu as éprouvée en nous mettant au monde, cesse, nous t'en conjurons, cesse d'aigrir ta peine & la nôtre, cesse d'aggraver nos tourmens par ton désespoir. N'appelles pas des reproches nos larmes & nos soupirs : ah ! si nous pouvions commander à notre douleur il n'échapperoit de notre sein & de nos yeux ni soupirs ni larmes. Mais comment pouvoir résister à l'amour le plus tendre, à la voix de la nature, Ce sont-là les sources d'où partent nos pleurs. Elles tenoient encore embrassés les genoux de leur mere, la regardant tendrement avec les yeux baignés de larmes lorsqu'Adam prit la parole en ces termes : O mes bien-aimées ne différons pas plus long-tems d'accomplir les ordres de l'Eternel ! rendons à la terre d'où elle provenoit cette enveloppe matérielle, l'objet de nos larmes & de nos lamentations. Le tems qui guérit tout, & la raison victorieuse adouciront notre douleur ; elle sera comme les desirs d'une épouse après le jour qui doit la conduire dans les bras de son bien-aimé. Rends-le donc à la terre, reprit Thirza, & elle tourna en pleurant ses regards sur son pere. Mais permets-moi, ô mon pere, ajouta-t-elle, de pleurer encore sur lui, & tu le rendras ensuite à la terre. Ces mots dits, elle se jetta les bras ouverts sur le cadavre.

Cependant Adam creusa une fosse dans la terre, & Eve & Mehala se tinrent éloignées à quelque distance. Sur ces entrefaites arrivérent les jeunes enfans de Caïn qui s'acheminoient vers la triste scène, se tenant par la main. O mon cher Josia, s'écria Eliel aux blonds-cheveux, quelles lamentations entends-je devant nous ? approchons-nous ; que vois-je ? C'est Abel... comme le voilà étendu, comme il est pâle & défait, comme sa chévelure est ensanglantée! C'est ainsi, mon frere, c'est ainsi qu'est étendu un agneau qu'on a égorgé pour le sacrifice. Mon cher Eliel, reprit le petit Josia, vois-tu comme Thirza pleure sur lui; & comme il tient son œil immobile sans tourner ses regards sur elle. Retirons-nous de là, je frissonne, cette vue m'épouvante; hâtons-nous d'aller trouver notre mere éplorée. A ces mots, les enfans s'étant approchés d'elle, ils lui prirent la main en la regardant tristement. O ma mere, lui demandèrent-ils, pourquoi pleurez-vous? Pourquoi Abel est-il étendu là comme un agneau de sacrifice? Là, Mehala embrassa ses enfans, & les regardant d'un air douloureux, elle leur dit: Mes chers enfans la mort a tiré son ame de la poussière, & l'a portée dans le sejour qu'habitent les Anges pour y jouir des félicités éternelles. Il ne se réveillera donc plus, reprit le jeune Eliel, pleurant avec sanglots, il ne se réveillera plus, lui qui nous aimoit si tendrement, qui nous tenant sur ses genoux, Josia & moi, nous apprenoit de beaux Cantiques, nous entretenoit de Dieu, des Anges, des merveilles de la nature; quoi il ne se réveillera jamais? Ah! que notre pere va pleurer quand il sera venu des champs! Et les deux enfans consternés s'enveloppèrent dans les plis du vêtement de leur mere.

Adam avoit fini de creuser la fosse: » Réveille-toi, dit-il à Thirza, réveille-» toi, ma bien-aimée: ne différons pas de » rendre cette poussiere à la terre, le » Seigneur l'a commandé, ma Thirza, » & s'approchant d'elle, il la prit par » la main avec tendresse. Elle avoit eu une » extase sur le cadavre, & se réveillant » de sa sainte vision: Oui, je l'ai vu, » dit-elle, il s'avançoit vers moi dans un » éclat céleste. Qu'il étoit éclatant de » gloire!... » Ne pleure pas, m'a-t-il dit, ne pleure pas; je suis heureux, bientôt tu viendras me trouver dans ce séjour de bonheur & de gloire, où il n'y aura plus de mort qui puisse nous séparer. A ces mots il a disparu, en me jettant un souris divin, & un éclat céleste marqua les traces de ses pieds. Thirza dit, & une consolation sublime illumina son visage. Enterre, ô mon pere, enterre, dit-elle, cette enveloppe de poussiere. Puis elle se leva, & se mit à côté de sa mere & de sa sœur; & toutes trois se cacherent le visage dans les ondes de leur chevelure éparse, tandis qu'Adam, après avoir enveloppé de peaux le cadavre, le mit dans la fosse, & le couvrit de terre. Maintenant dit-il, chere épouse, chers enfans, adorons le Très-haut, prosternés près de ce tombeau: & tous se prosternerent auprès du tombeau, Eliel & Josia, rangés aux deux côtés de leur mere; alors le pere des humains prononça cette priere à haute voix, les bras en croix sur sa poitrine.

O toi, qui demeures au haut du Ciel, Dieu, Créateur, justice éternelle, bonté infinie, tu nous vois prosternés devant toi; auprès du tombeau du premier mort, tu vois des pécheurs t'implorer dans la poussiere. Ah: fais que notre priere s'éleve vers toi, jette favorablement tes regards sur nous dans cette vallée de mort, dans cette demeure du péché: nos iniquités sont grandes, mais ta bonté infinie est encore plus grande. Pleins de souillures & d'impuretés, que sommes-nous devant toi & cependant tu ne détournes pas ta face de dessus nos têtes, & du haut de ton trône tu regardes encore notre misère d'un œil propice. Tu nous permets de t'implorer, tu ne nous as pas abandonné, quoique pécheurs. Soit loué à jamais, toi qui habites dans les cieux. Ce n'est pas seulement l'agréable printemps qui te loue, ce n'est pas seulement la sérénité du Ciel qui t'annonce, tu te manifestes aussi par les éclats bruyans du tonnerre qu'enfante un sombre nuage, par l'aquilon mugissant qui excite les tempêtes & les orages pluvieux. Tu tires également ta gloire, & de la joie riante du mortel heureux, & des tristes pleurs de l'infortuné. Nous l'avons vue, la fille du péché, l'affreuse mort; elle est venue dans nos cabanes sous une forme hideuse. Une funeste prévarication dont la terre auroit dû marquer le fatal instant par des hurlemens funèbres, par d'épouvantables orages, un noir forfait l'a conduite ici par la main; le premier sorti de mes reins.... ah! j'en frémis, il a livré son frere à la mort. Dieu miséricordieux, ne détourne pourtant pas ta face de devant moi, si j'ose t'implorer pour lui. Dieu clément, daigne ne pas rejetter entiérement le coupable de devant toi: jette tes regards sur lui, verse ta terreur dans son ame, afin qu'il tremble de son crime, qu'il s'humilie devant toi sur la terre, qu'il pleure, qu'il gémisse, & te demande sans cesse pardon: & quand il t'aura long-tems imploré, ô mon Dieu! répands alors quelque consol gation sur sa misere : exauce je t'en conjure, la priere que j'ose t'adresser. J'ai creusé un tombeau, j'ai jetté de la terre mouillée de nos larmes sur le corps corruptible du mort ; écoute favorablement nos vœux, qu'ils montent du creux de sa sépulture jusqu'au pied de ton Trône sublime. Exauce-nous, Seigneur, Seigneur, exauce-nous ; nous te demandons grace pour notre premier né, ne le laisse point périr dans ta colere ; soit que nous t'implorions au coucher du soleil ou à son lever, soit que nous interrompions la nuit pour élever nos cœurs vers toi, daigne nous entendre & nous être favorable. Nous sommes encore trop heureux sous la main même de ta justice vengeresse. Louanges éternelles te soient rendues, tu as reçu l'ame du mort dans ta gloire. La mort a pris sa premiere victime ; nous la suivrons, cette victime l'un après l'autre, dans la sombre fosse, nous la suivrons dans l'éternité. O toi ! dont un signe créa le Ciel, dont la parole

tira

tira la terre du néant, ils passeront, ce Ciel & cette Terre : mais pour toi tu es éternel. Nous vivons dans la poussiere, & notre poussiere se dissoudra : mais tu restes éternellement inaltérable, tu nous rassembleras tous dans ta gloire, le pécheur pénétré de repentir sur ses fautes, & le Juste qui s'afflige de ce que sa vertu est encore mêlée d'imperfections, de ce que la pureté de sa conscience est encore altérée de quelques taches qu'y imprime la foiblesse humaine ; tu les tireras l'un & l'autre de la poussiére, afin qu'ils se réjouissent éternellement, & qu'ils soient purs comme des Anges. Car... ô promesse ineffable ! la race de la femme doit un jour briser la tête du serpent. Que la terre bondisse, que toute la nature chante tes louanges. Nous te louerons à l'heure même que les maux sortis de ta main viendront tonner sur nos têtes. L'homme est déchu, il est déchu, il est dégradé de sa dignité premiere ; mais trop heureux encore de ce que son Dieu ne l'a pas rejetté pour toujours, & que de son tribunal même il jette encore sur nous des regards de bonté. Il est tombé, celui que Dieu avoit créé si heureux, & à l'instant de sa chûte, confus & tremblant, il attendoit, dans l'humiliation & la détresse, la malédiction divine & sa damnation éternelle; car que pouvoit attendre autre chose d'un Dieu irrité, une créature ingrate & rebelle? Mais, ô prodige de bonté inattendu! la nature entiére annonce de la part de Dieu avec solemnité, qu'un jour la tête du serpent sera écrasée. Mystere sublime, mais environné, il est vrai, d'une sainte obscurité, qu'un être créé ne sçauroit pénétrer: mystere ineffable, mais consolant, que le pécheur puisse, malgré ses crimes, être reconcilié avec Dieu! .... Et nous nous désolerions encore par des larmes profanes dans notre demeure terrestre, de ce que le songe de cette vie est alternativement entrecoupé de plaisirs & d'affliction, jusqu'à ce que la mort qui s'approche, d'égage l'ame de son enveloppe souillée, & affranchisse des fers d'une juste malédiction ? A cet heureux instant, l'ame qui, malgré le limon qui l'entoure, a conservé l'idée de sa dignité originaire, qui a répondu fidelement aux saintes inspirations de l'amour divin, sort alors de sa prison, pure & heureuse comme les Anges. Ah ! je pénétre dans les secrets d'un heureux avenir ! Je vois ceux que la mort a transportés au séjour céleste ; je vois une race nombreuse, pure comme les flammes que les Anges allument sur l'autel, en face de l'Eternel. Ils sont au milieu des Anges, ils chante des hymnes sans fin devant le trône éclatant du Tout-puissant. Ah ! qu'est-ce que je suis ? Comme mon ame s'éleve ! Elle n'a jamais rien éprouvé de semblable. O bonté infinie, elle ne suffit pas à célébrer tes louanges. Elle nage dans de saints ravissemens ; & quand elle penseroit avec autant de force que le premier des

Anges ; elle les exprimeroit imparfaitement, elle ne pourroit que les sentir.

Adam se tut, & resta long-tems dans un profond silence; toute sa famille prosternée près de lui autour du tombeau, y étoit sans mouvement & sans voix. La nature entiere comme étonnée, observoit le même silence ; & le Ciel serein au-dessus leurs têtes, n'avoit pas le plus léger nuage.

Le soir vint, l'air étoit frais & le tems calme. Caïn agité de frémissemens inquiets & de remords rongeurs, avoit erré dans les contrées les plus sauvages. Accablé de fatigue, il s'assit du côté où la lune montoit au-dessus de l'horison, & fit ainsi entendre sa voix effrayante à travers le silence de la nuit : » Là-bas, dit-il, » de derriere cette montagne, se leve la » lune avec son éclat blanchâtre, & » nage dans l'atmosphère obscur ; elle » répand au loin sa pâle lumiere, & une » douce tranquillité ; tout respire le repos

» & la fraîcheur sous cette belle voûte
» parsemée d'étoiles. L'homme seul est
» agité ; des cris & des accens lugubres
» s'élévent de ces cabanes ; c'est moi,
» scélérat, c'est moi qui ai porté la dé-
» solation dans ces cabanes ! Ces cris,
» ces accens lugubres dont l'air retentit,
» m'accusent : c'est mon crime qui les
» cause. Reculez-en d'horreur, constel-
» lations qui m'entendez, & toi, l'une,
» pâlis & voile ton flambeau ; en ce jour,
» jour maudit, la terre que tu éclaires a
» été abreuvée du premier sang humain ;
» & c'est moi, malheureux, c'est moi qui
» l'ai abreuvée de ce sang, & du sang
» de mon propre frere. Je ne mérite plus,
» astres bénis, votre influence favorable.
» Refusez-la moi, j'y consens, refusez-la
» aux champs que je laboure, à la con-
» trée que j'habite ; j'ai massacré mon
» frere ; enveloppe-moi, sombre obscu-
» rité, cache-moi aux yeux de toute la
» nature ! Je veux sous ton voile traîner

» par-tout ma misere avec moi. Je fuirai
» dans des lieux déserts & arides, dont
» aucun pied mortel n'aura foulé l'herbe
» flétrie ; j'habiterai parmi des rochers,
» d'où une eau infecte distillera en forme
» de larmes, dans des repaires marécca-
» geux d'horribles reptiles, ou de buis-
» sons épais, asyles des oiseaux de proie,
» me déroberont l'aspect du Ciel ; là je
» passerai le jour à me plaindre, à me
» lamenter, & à me traîner sur la terre.
» Et quand le sommeil aura ramené le
» cortege des songes les plus noirs, ils
» présenteront tous à mon imagination
» effrayée, un crâne brisé, une cheve-
» lure ensanglantée. «

C'étoit ainsi que Caïn, saisi d'horreur, exprimoit ses remords au milieu des ténebres de la nuit, il se tut ensuite, & resta long-tems en silence, abandonné à son affliction. L'oiseau nocturne, effrayé de ces lugubres accens, retenoit les siens. On n'entendoit dans la contrée qu'un murmure ſourd ; Caïn promenoit ſes regards au loin, & reprit la parole en ces termes ; O vous, collines élevées, & vous, ô bois ſacrés que je contemple, ſoyez ſenſibles à mes maux. Qu'ils ſont grands ! ils le ſont plus que je ne ſaurois dire. Le malheureux, quoique coupable, mérite encore quelque commiſération. Plaignez mon déſaſtre, ô belle nature, hélas ! vous n'avez plus pour moi d'attraits ! Plaignez-moi, ô vous, créatures quelconques, qui reſſentez la préſence efficace d'un Dieu infiniment bon. Mais, hélas ! ſes bontés n'ont plus rien qui me regarde, je ne puis plus éprouver que ſa juſtice. Dieu n'eſt plus pour moi qu'un Dieu vengeur, A ces mots ſa voix reſte encore ſuſpendue quelques inſtans, puis il dit, en ſoupirant profondément : Du moins à préſent, voilà que je commmence à pouvoir pleurer, je ne le pouvois pas auparavant, voilà que mes larmes coulent en abondance ; ah ! précieuſes larmes, qui m'attestez à moi-même que mon malheur est adouci. D'abord le désespoir s'étoit emparé de mon ame, à présent c'est la douleur lugubre & plaintive. Ah! coulez, mes larmes; reçois-les, ô terre, qui as reçu le sang de mon frere. Je suis maudit sur ta surface mais.... reçois les pleurs que me fait verser ma douleur amere. Mais.... quelle pensée naît dans mon ame!... elle redouble l'abondance de mes larmes... Oui, je le veux... maintenant que la nuit m'enveloppe, je veux me traîner autour des cabanes des affligés, les voir encore, les bénir encore... Les bénir... moi?... les vents en courroux emporteront cette bénédiction, qui ne peut que faire horreur. Malheureux que je suis; je ne puis plus les bénir! J'irai toutefois, je les veux bénir & pleurer. Après cela... hélas! après cela, je fuirai loin d'eux pour jamais. Je te fuirai, Mehala, je fuirai nos chers enfans. Alors n'en pouvant plus, il se tut, & s'avança vers les cabanes, en arrosant de ses larmes les routes désertes qu'il parcouroit.

Il aperçut de loin un cabinet de verdure, qu'Abel son frere avoit planté sur le doux penchant d'une colline. Cette vue lui rapella qu'Abel avoit dit en le plantant : Croissez & montez, tendre charmille, que nos derniers neveux se disent sous votre ombrage : c'est ici qu'Eve a reçu son premier né ; c'est ici qu'elle l'a embrassé la premiere fois sur la terre, c'est ici qu'elle a acquis le titre de mere qui faisoit sa consolation dans son triste exil : elle nomma le nouveau né, Caïn. Elle se penchoit sur lui avec un ravissement inexprimable, & le baisa en disant : O cher & doux présent que le Seigneur m'a fait ! Le meurtrier pour qui ce monument de la tendresse de son frere étoit un reproche de sa barbarie, détourna le visage en passant devant ; une sueur froide couloit sur son front, ses genoux chancelans le portoient à peine. C'est ainsi que frissonneroit un fils dénaturé devant le tombeau d'un pere, que le parricide auroit fait périr lui-même, en mêlant du poison dans son manger, lorsqu'il revenoit des champs, excédé de faim & de fatigue. La douce exhalaison d[illegible]s fleurs dont l'urne du pere auroit été parfumée ; le bruit des feuilles des arbres funébres plantés autour du tombeau, feroient le suplice du fils. Caïn avoit passé le cabinet de verdure, & s'approchoit des cabanes. La pâle lumiere de la lune les éclairoit foiblement, à travers les branches entrelacées des arbres, & un calme effrayant régnoit à l'entour. Il y jetta les yeux, pleura, leva les mains au Ciel, & resta long-tems immobile & muet ; une douleur inexprimable lui tenoit le cœur serré ; aucun objet ne pouvoit le tirer de son attitude fixe & de son lugubre silence. » Que la tristesse repose pro» fondément ici, dit-il enfin à voix basse : » d'où proviennent ces sifflemens ..... ne » sont-ce pas des soupirs ? Ne sont-ce pas » les cris nocturnes de la désolation qui » viennent des cabanes ? .... Le voici .... ô » famille déplorable, le voici qui tremble

» dans l'obſcurité, pourſuivi par l'enfer,
» celui qui vous a rendu vos demeures af-
» freuſes.... celui.... ah! miſérable que je
» ſuis, qui a chaſſé loin de vous le repos &
» toutes les douceurs des liens du ſang. Et
» j'oſe encore reſpirer un air rempli des
» ſoupirs de ceux que j'ai rendus malheu-
» reux; j'oſe porter mes pas dans une Con-
» trée conſacrée à la déſolation des juſtes,
» qui gémiſſent ſur mon forfait.... Fuis,
» malheureux; ne prophane pas cette
» ſainte Contrée!... Oui, je vais fuir loin
» de vous; mes yeux noyés dans les pleurs
» ne vous verront plus que quelques inſtans;
» mais permettez-moi de verſer encore
» quelques larmes, & d'élever ces mains
» ſanglantes vers le Ciel pour vous bénir.
» Je fuirai enſuite. Soyez béni, ſoyez à
» jamais bénie, ô famille juſtement éplo-
» rée. Malheureux que je ſuis, peu s'en eſt
» fallu que je n'aye profané ces ſaints noms,
» ces titres reſpectables, qui déſignent les
» liens ſacrés par où je devois leur être

» uni, & qui m'attachent inviolablement
» à eux. Soyez bénis encore une fois. Puisse
» votre affliction vous quitter avec l'obs-
» curité de la nuit, & puisse croître la
» mienne, ce doit-être là mon partage
» pour toujours sur cette terre que j'ai
» tant maudite. Puissiez-vous oublier pour
» jamais celui dont l'image fait votre su-
» plice; hélas! dans quel excès de désastre
» faut-il qu'un malheureux soit plongé
» pour être réduit à de pareils souhaits »!

En proférant ces mots, Caïn étoit arrêté dans l'obscurité, il gémissoit & levoit les bras au Ciel, lorsque quelqu'un s'avança dans la nuit, d'un pas lent. Une sueur froide, comme celle de la mort le glaçoit, tremblant, il vouloit fuir, mais il ne le put, & tomba sans force parmi les broussailles.

Thirza pendant cette triste nuit, la premiere de son veuvage, ne pouvant trouver le repos dans le lit desert où son époux n'étoit plus, le quitta, & sortit de la ca-

bane ; le visage baigné de larmes, elle s'assit sur l'herbe mouillée de rosée, à côté de la colline du tombeau ; puis les mains jointes, elle regardoit le Ciel étoilé avec des yeux fixes ; ensuite elle retomba sur l'herbe, & ses larmes arrosoient le tombeau.
» C'est ici, dit-elle en sanglotant, c'est ici
» que repose mon bien & toute ma félicité,
» c'est ici sous cette terre qui engloutit
» mes larmes. Hélas ! il n'y a donc plus
» pour moi ni paix ni repos à attendre,
» pendant les heures lugubres de la nuit.
» Ah ! coulez mes larmes, coulez, il ne
» me reste d'autre adoucissement que de
» pleurer à toutes les heures du jour, de
» gémir pendant les nuits entières dans ce
» triste silence de la mort. Il est vrai... je
» t'ai vû, ô mon bien-aimé, dans un éclat
» céleste : de quelle splendeur tu étois re-
» vêtu ! Mais, hélas ! aurai-je moins sujet
» de pleurer ta perte ? Je te perds pour ja-
» mais dans cette vie pleine d'affliction, tu
» m'es enlevé pour jamais... Je m'étois

» épuisée à pleurer auprès du précieux gage
» de notre amour ; un repos adoucissant
» vient de s'étendre sur ses paupiéres, hé-
» las ! un soûris gracieux éclate sur son
» visage. Il ne connoît pas encore les maux
» attachés à la condition mortelle ; il ne
» sçait pas la perte qu'il a faite. En vain,
» je me suis jettée sur le lit conjugal, à
» présent desert, en vain j'ai imploré le
» sommeil ; hélas ! la triste solitude & les
» soucis cuisans se sont pour jamais établis
» sur ce théâtre de notre tendresse conju-
» gale, de ces chastes délices que ton amour
» pour moi me faisoit goûter dans tes bras.
» Elles me sont donc ravies pour toujours,
» pour tout le tems au moins que durera
» cette triste vie. O crime affreux ! elles me
» sont ravies par un frere... Où est-il... le
» malheureux ? Où ses remords l'entraî-
» nent-ils ? O toi... mon Dieu, ne dédai-
» gne pas les voeux plaintifs que je t'adres-
» serai sans cesse pour intéresser en sa fa-
» veur ta bonté infinie ; ne le dédaigne

» pas, s'il fait pénitence, s'il se traîne sur
» la poussiére, s'il implore ta miséricorde «.
A ces mots prononcés douloureusement, ses soupirs & ses sanglots arrêtérent son discours. Bel astre de la nuit, continua-t-elle en élevant ses yeux enhaut, combien de fois n'as-tu pas été le paisible témoin des expressions de la tendresse du chere époux que cette terre enferme, quand nos bras entrelacés je marchois tête à tête avec lui à la lueur de ton flambeau; quand ses lévres saintes me peignoient éloquemment les charmes de la vertu! Tu éclairois ses pas lorsqu'il vivoit; tu n'éclaireras plus que sa sépulture. Voilà donc enfouie sous ce monceau la plus douce consolation du meilleur des peres, & de la plus tendre des meres; voilà mon précieux époux. A ces mots elle se tut, & ses larmes redoublérent; tandis que ses yeux égarés mesuroient vaguement toute la contrée, jusqu'à ce que ses regards étant fixés par un éclat singulier, elle s'écria: Que ce berceau que

je vois de loin est brillant ! des pensées saintes & sublimes s'élevent au milieu de ma misére, comme quand la lune montant au-dessus de l'horizon, dissipe tout à coup l'obscurité de la nuit. Quel éclat sort de ce berceau où tu m'embrassas, ô Abel, à la lueur mourante du soleil couchant ? Quelle félicité, disois-tu, en me serrant contre ton sein, quelle félicité d'être vertueux ! Quelle félicité d'aimer celui de qui émane tout ce qui est beau ! Qu'on est heureux de ne ne rien trouver dans sa conduite qui puisse déplaire aux Anges dont nous sommes environnés ! Quelle volupté ressemble à celle que fait éprouver la présence continuelle de Dieu, que nous manifestent les œuvres de la création ! Quelles délices plus ravissantes que ces larmes pieuses que fait couler notre amour pour lui ? Pour quiconque passe ses jours dans ces divins transports d'adoration & de piété, la mort n'a rien d'effrayant : quelque terrible qu'elle puisse être, nous sçavons au moins, &

c'eſt une grande conſolation pour l'homme pécheur, qu'elle dégage l'ame de ſon corps mortel, pour lui ouvrir l'entrée dans une éternité de bonheur. Thirza, me diſois-tu, en me ſerrant plus près contre ton ſein, ſi je ſors le premier de la pouſſiere, ſi je ſuis heureux avant toi, ne pleure pas longtems ſur ma cendre. Qu'eſt-ce que le tems paſſager qui t'eſt aſſigné par le Créateur, en comparaiſon de l'éternité dont nous jouirons enſemble dans le Ciel? Mon bien-aimé, lui diſois-je à mon tour, en l'embraſſant étroitement, fais de même de ton côté, ſi la mort m'enleve la premiere dans ce ſéjour de larmes, abrége & modere ta déſolation, puiſque Dieu nous prépare à l'un comme à l'autre une félicité ſans borne.... O mon ame, rapelle tes forces, pour ne pas ſuccomber à l'affliction. Laiſſe-toi affecter par ce puiſſant motif de conſolation, par l'idée de ton immortalité; & te diſtrayant du fatal objet de ta douleur, enviſage la ſuprême béatitude, qui, en s'aprochant, fait disparoître les scènes changeantes de cette vie. Si l'ame périssoit & qu'elle s'écroulât en poussiére avec le corps, comment pourrois-je me consoler? Je me traînerois sur ton tombeau, en jettant des cris plaintifs, & dans mon désespoir j'implorerois l'anéantissement; mais elle est immortelle. Non, elle ne succombera pas lâchement sous la douleur. O vous, Anges, qui voltigez d'une aile legére autour de moi, vous la soutiendrez; elle ne succombera par lâchement sous la douleur, elle est immortelle comme vous. Cependant mes larmes coulent encore, qu'elles coulent, je les donne à la poussiere de mon époux, qui m'a devancé dans la possession du bonheur éternel. Je veux, ô mon bienaimé, (mais les larmes me coupent encore la parole; elles redoublent: ô mon ame, rapelle donc toutes tes forces pour commander à ta douleur,) je veux planter sur ta tombe un arbre funebre, à l'ombre duquel je verserai encore bien des larmes sur ta cendre. J'y passerai les plus belles heures du jour à pleurer mon infortune : mais me livrant à de saints transports, je porterai mes vûes élevées jusqu'à la félicité céleste. Elle dit, & s'étant levée de terre, elle resta debout sur le tombeau. Je croirois, dit-elle, sentir quelque soulagement à ma douleur : mais, ô réflexion accablante, il a été massacré par son frere ! O Dieu de bonté, s'écria-t-elle en se prosternant en terre, exauce mes suplications, fais grace à ce malheureux pécheur, fais-lui grace. Je te réitérerai sans cesse cette priére avec instance, soit quand l'étoile du soir assemblera les astres de la nuit, soit quand l'aurore ouvrira les portes du jour.

Pendant ce tems, Caïn trembloit dans le boccage, accablé de désespoir. Fuis, se disoit-il à lui-même, fuis ces saintes demeures, monstre odieux. Je ne puis, malheureux que je suis : quelle puissance contraire retient mes pas ? Seroit-ce vous, fantômes infernaux, qui m'environnez ? Ecartezvous, laissez-moi fuir, laissez-moi. Quel nombre, comme ils sont horribles! Laissez-moi fuir, spectres hideux, laissez-moi m'éloigner de ces saintes demeures. Ah, spectacle horrible!... je frémis, je tremble, je me meurs. Mais, hélas! ma frayeur s'accroît, & pourtant je ne meurs pas: mais je ne sçaurois fuir non plus... malheureux que je suis... comme elle se désole, & je ne la fuirai pas! Mais voilà qu'elle cesse de se lamenter... O pouvoir merveilleux de la vertu! Hélas! quelles ressources, quelles consolations j'ai perdues pour toujours! Et dans mon accablement je n'ai pas même pour adoucissement l'espérance la plus éloignée. A quel point, mon Dieu, je suis malheureux; ha, quels tourmens! ils sont d'une espéce inconnue jusqu'à cette heure. O enfer, dans tes abimes les plus profonds tu n'en as pas de plus épouvantables!... Elle prie... ah! elle prie Dieu pour moi, pour moi!... au lieu de me haïr, au lieu de verser à grands flots des imprécations sur ma tête.

O bonté inexprimable ! hélas ! tant de vertu m'afflige & me désespére. Mon malheur se présente à moi d'une maniere plus effroyable, il me paroît sombre, noir comme les profonds abîmes de l'enfer ; le crime me déchire plus cruellement les entrailles, & me fait sentir des suplices infernaux... Tu pries pour moi, Thirza !... Ah, vœux téméraires, ou tout au moins superflus ! Non, Dieu ne sçauroit exaucer de telles prieres, il est juste... La voilà qui se retire du tombeau de son époux massacré. Ah ! oserai-je, malheureux que je suis, me traîner sur ses pas, verser des larmes de la plus profonde douleur sur ses traces ? Non... retire-toi, barbare, de cet épouvantable monument de ta fureur, éloigne-toi de cette sainte contrée, fuis, scélérat ! Il dit, & se retira saisi de frayeur. Il fuyoit, mais il s'arrêta bien-tôt, & joignant, plein de desespoir, ses mains baignées de larmes, il s'écria encore : Mais je ne sçaurois fuir ! Et comment le pourrois-je ! Ah, Mehala ! hames enfans ! comment pourrois-je vous fuir pour jamais, & ne pas me rouler dans la poussiere devant vous, devant toi sur-tout, Mehala ? Peut-être verseras-tu des larmes de compassion sur moi, peut-être me beniras-tu encore... Hélas ! que dis-je ?.. Maudit de Dieu, que me servira dorénavant ta bénédiction ! Haïs-moi, maudis-moi plutôt, mon forfait le mérite : alors je fuirai enfin, chargé de ta malédiction, & de celle de toute la nature. O désastre ! ô désolation infernale, inexprimable !... Non, encore une fois, je ne sçaurois fuir, Epouse aimée, enfans chéris, il faut que je déplore ma misere devant vous, que je me traîne devant vous dans la poussiére, & ensuite, oui ensuite, je fuirai. A ces mots Caïn passa à quelque distance du tombeau, & s'avança vers sa cabane. A chaque pas il s'arrêtoit encore, incertain de ce qu'il devint faire, & arriva enfin devant la cabane. Il y resta long-tems pâle & tremblant. A la fin, il se hazarda en hésitant, en chancelant, à passer le seuil de la porte.

Méhala étoit assise au fond, à la pâle lumiere de la lune, plus pâle elle-même que cet astre, quand il est envelopé dans des nuages; elle pleuroit & se désoloit sur son lit solitaire, & ses enfans sanglotoient autour d'elle. A la vuë de son époux elle jetta un cri aigu, & tomba évanouie sur sa couche; ses enfans éplorés accoururent, & firent à ses pieds des clameurs lugubres. Mon pere! hélas... mon pere, crioient-ils, ah! console notre mere affligée: hélas! quelle désolation s'est introduite dans nos cabanes! Ah! mon pere, sois-nous le bien-venu dans la maison: que tu as tardé long-tems à rentrer! Tel fut l'accueil qu'il reçut de ses enfans. Il chanceloit au milieu d'eux, & ses larmes couloient sur leurs têtes. Le serrement de son cœur ne lui permis pas de répondre; il tomba sur la poussiere aux pieds de son épouse; ses enfans redoubloient leurs cris autour de lui, & Mehala s'étant réveillée, elle vit comme son époux se traînoit auprès d'elle, & mouilloit la loi de ses larmes. O Caïn! Caïn! s'écrioit-elle, poussant des cris lamentables; elle s'arrachoit les cheveux. » Mehala, lui dit » Caïn d'une voix entrecoupée, en la re» gardant douloureusement, ha! pardonne» moi, si j'ose, meurtrier de mon frere & » du tien, si j'ose pleurer encore une fois » devant toi, me traîner dans la poussiere » à tes pieds. Ah! je t'en conjure; ah! ac» corde-moi cette foible consolation, la » derniere que je puisse espérer dans mon » malheur, qui n'a point d'égal. Ah! ne » me maudis pas, Mehala, je ne veux que » ramper devant toi sur la tere: après cela » je fuirai, j'irai me cacher à moi-même » dans des régions désertes, maudit de » Dieu, suivi des suplices inexprimables. » Ah! ne maudis pas, ô Mehala, ton mal» heureux époux «! Ah! Caïn, lui répondit-elle, pénétrée de la plus vive douleur, meurtrier du meilleur des freres, il faut encore que je te reconnoisse pour mon époux! Malheureux, qu'as-tu fait? Caïn lui

www.ingramcontent.com/pod-product-compliance
Lightning Source LLC
LaVergne TN
LVHW050510100826
845148LV00002B/294

9782012682467